幼儿教师培训用书

幼儿园思维拓展活动设计与指导

主编 宗 珣 副主编 许亚丽

北京师范大学出版集团
BEIJING NORMAL UNIVERSITY PUBLISHING GROUP
安徽大学出版社

图书在版编目(CIP)数据

幼儿园思维拓展活动设计与指导/宗珣主编. —合肥：安徽大学出版社，2017.7
幼儿教师培训用书
ISBN 978-7-81110-831-6

Ⅰ. ①幼… Ⅱ. ①宗… Ⅲ. ①学前儿童—智力开发—幼教人员—师资培训—教材
Ⅳ. ①G610

中国版本图书馆CIP数据核字(2013)第100103号

出版发行： 北京师范大学出版集团
安 徽 大 学 出 版 社
(安徽省合肥市肥西路3号 邮编230039)
www.bnupg.com.cn
www.ahupress.com.cn
印　　刷： 安徽省人民印刷有限公司
经　　销： 全国新华书店
开　　本： 184mm×260mm
印　　张： 6.75
字　　数： 87千字
版　　次： 2017年7月第1版
印　　次： 2017年7月第1次印刷
定　　价： 17.00元
ISBN 978-7-81110-831-6

策划编辑： 王先斌
责任编辑： 杨 序
责任印制： 赵明炎
装帧设计： 李 军
美术编辑： 李 军

前　言

思维是在表象、概念的基础上进行分析、综合、判断、推理等认识活动的过程。恩格斯把它比作“地球上最美的花朵”。人们常说的“考虑”“设想”“预计”“沉思”“审度”“深思熟虑”等都是思维活动的表现形式。思维是智力的核心，思维培养是教育的本质。古人主张“授人以鱼，不如授人以渔”，这里的“渔”，实质上是指教给受教育者获取知识或技术的思维方法。

幼儿期的思维发展是人的一生中非常重要的时期，特别是2～6岁这一年龄段。因此，学前教育工作者应重视幼儿思维能力的培养，通过各种有效的方式提高幼儿的思维品质。对于幼儿来说，他们的思维能力也存在个体差异，主要体现在思维品质上（思维的流畅性，思维的求异性，思维的独特性等等）。本书结合我园多年在幼儿思维训练方面的探索实践，从幼儿的生活和游戏中出发，设计了72项思维训练的活动方案，其中包括33项解决问题方案，9项看图讲述方案，12项看图想象方案，18项添画、表演、拼搭方案，旨在通过这些思维训练活动，提高幼儿的认知能力、观察能力、记忆能力并激发他们的想象能力，鼓励幼儿产生更多、更新颖的想法，从思维的流畅性（思维的速度快）、变通性（思维的类别多）、灵活性（思维的创新性）三个方面不断提高幼儿的思维品质，最终达到拓展幼儿思维的目的。

编著本书，旨在给广大幼教同仁在培养幼儿思维训练方面提供一些借鉴。当然，由于我们经验、能力所限，书中难免有不足之处，还请各位专家、同行批评指正，我们会在修订时采纳您的合理建议，不断完善。

宗　珣

2016年4月

目 录

❖解决问题❖

❖看图讲述❖

❖看图想象❖

添　画

表　演

❖拼　搭❖

解决问题

心理学认为：解决问题就是在问题空间中进行搜索，是从问题的初始状态到目标状态的思维过程。在幼儿活动中，这个过程分为接受问题（引导幼儿听清楚问题）、目标状态（幼儿思考如何达到目标）、认知判断（解决问题产生了什么影响，问题的结果，哪种方法可行）三个步骤。

看到花就想到

活动目标

1. 了解花儿的名称和外形特征,并能进行大胆想象和积极思考。

2. 热爱大自然,养成爱护花草树木的习惯。

活动准备

各种花的图片、黄色康乃馨。

活动过程

1. 出示各种花的图片,引导幼儿识别。

(1)教师:你认识这些花吗?你在哪里看见过这些花?它们有什么不同?

(教师从花的颜色、大小方面启发幼儿进行观察和比较。)

(2)在黑板上画一朵圆形的花,拓展幼儿思维想象力。

教师:看到圆圆的花,你会想到什么?

2. 出示黄色康乃馨实物,引导幼儿拓展思维想象力。

(1)从花的颜色角度,引导幼儿大胆想象。

教师:看到黄色的康乃馨,你会想到什么?

(2)从花的香味角度,引导幼儿大胆想象。

教师:闻一闻桌上的康乃馨,你想到了什么?

3. 鼓励幼儿积极思考,大胆表述。

4. 教师小结:原来看到花的颜色和样子,会想到彩虹、公园、新年……闻到花的香味,会想到花瓶、香水、发夹、花茶……想到许多美好的事物。

5. 告诉幼儿爱护花草树木,人人有责。

温馨提示

教师可以引导幼儿从视觉、嗅觉、心理等多方面表述自己看到花儿的感受,拓展幼儿思维。班级也可结合本活动,延伸开展有关环境保护的主题活动,引导幼儿从自我做起,保护周围的花草树木,为创造美好的环境,作出自己的一份小小贡献。

森林里的动物

活动目标

1. 大胆讲述自己的想法,并能做到安静地倾听同伴的讲述。

2. 初步了解动物的基本外形特征,知道常见动物的名称。

活动准备

一张森林背景图片、动物图片、《动物世界》视频。

活动过程

1. 出示森林背景图片,引出主题。

(1)教师:这是什么地方?谁会住在森林里呢?

(2)鼓励幼儿自由讲述。

2. 出示老虎、长颈鹿、大象图片,鼓励幼儿看图讲述。

教师:你能说出这些动物都有哪些特征吗?你还喜欢什么动物?它是什么样子的?

3. 带领幼儿了解更多动物的名称,拓展幼儿的思维。

(1)教师:哪些动物会在天上飞?哪些动物会在地上跑?

(2)教师小结:森林里的动物有很多,有的能在天上飞,如燕子、大雁、喜鹊、麻雀……有的会在地上跑,如老虎、豹子、大象、兔子、狼……动物是人类的好朋友,我们要保护动物。

4. 观看《动物世界》视频,丰富幼儿对动物的认识。

温馨提示

喜爱动物是孩子们的天性。本次活动旨在帮助小班的幼儿识别不同的动物,并了解这些动物的外形特征,初步区分天上飞的和地下跑的动物,知道动物是人类的好朋友,我们要保护它们。

能发出声音的物体

活动目标

1. 积极动脑，想出能让物体发出声音的方法。

2. 愿意模仿不同物体发出的声音。

活动准备

铃鼓、小鼓、茶杯、塑料瓶、纸。

活动过程

1. 游戏：请你猜一猜。

教师在幼儿身后分别敲击铃鼓、小鼓，请幼儿猜猜是什么发出的声音。

2. 鼓励幼儿用完整的语言描述和模仿物体发出的声音。

(1)教师：谁会来学一学刚才铃鼓和小鼓发出的声音？

(2)教师小结：我们在摇晃铃鼓的时候，铃鼓会发出“哗啦啦”的声音。我们在敲击小鼓的时候，小鼓会发出“咚咚咚”的声音。

3. 出示茶杯、塑料瓶、纸等物品，让幼儿想出让这些物体发出声音的方法。

(1)教师：老师今天还带了一些东西，想一想，怎么能让它们发出声音？

(2)幼儿动手操作，与同伴交流沟通。

(3)请个别幼儿演示操作玩法。

4. 教师小结：小朋友发现用敲击、摇晃、摩擦、碰撞等不同的方法，就能让物体发出声音，而且它们发出的声音也不一样。

温馨提示

活动中教师鼓励幼儿大胆模仿物体发出的声音；例如，我们在敲击积木的时候，积木会发出“梆梆”的声音；我们在敲击门的时候，门会发出“咚咚”的声音；我们在拖动椅子的时候，椅子会发出“吱吱”的声音。

小小手

活动目标

1.积极动脑,结合生活经验讲述手的作用。

2.不玩、不靠近危险的物品,培养幼儿的自我保护意识。

3.了解一些简单的安全常识,让幼儿懂得保护自己的双手。

活动准备

双手的图片。

活动过程

1.请幼儿结合生活经验讲述手的作用。

(1)教师:你们的手会干什么事情呢?

(2)教师小结:我们的手会画画、拿勺子、开门、拿水果、拍球……

2.请幼儿回忆自己是否有小手受伤的经历。

(1)教师:谁的小手破过?流过血?受伤后做哪些事情不方便?

(2)幼儿相互交流,教师倾听。

(3)个别幼儿讲述小手受伤后做事不方便的经历。

3.请幼儿讲述保护小手的方法。

(1)教师:生活中,我们应该怎么保护小手呢?

(2)教师小结:在生活中,我们不要去玩玻璃片、针、铁钉、铁丝、剪刀等尖锐的物品,避免我们的手被扎破。冬天要戴手套,避免冻伤手。手若受伤,做许多事情都会不方便,会影响我们的生活。

温馨提示

本次活动的重点是引导幼儿结合生活经验去发现并讲述手的不同作用,结合活动引导幼儿懂得如何保护自己的小手。

不怕冷

活动目标

1. 积极思考,想出让身体变暖的多种方法。

2. 感受运动取暖。

活动准备

帽子、手套、围巾等图片,小朋友在锻炼的图片。

活动过程

1. 带领幼儿到户外慢跑。

2. 和幼儿谈话,引出主题。

(1)教师:冬天的时候,去户外进行慢跑,你会有什么感觉?

(2)鼓励幼儿尝试用较清楚的语言表达自己的感受。

(3)教师小结:冬天天气寒冷,小朋友们要积极参加体育锻炼。只有活动起来,我们的身体才会变得温暖,从而抵御风寒。

3. 请幼儿讲述多种可以让身体变暖和的方法。

(1)教师:还有什么方法可以让我们的身体暖和起来呢?

(2)幼儿讲述多种运动方式。

温馨提示

让自己暖和起来的办法有穿棉袄、穿棉裤、戴手套、戴帽子、戴围巾、开空调、开取暖器、晒太阳、躲在被窝里等,也可以跳绳、跑步等。

会唱歌的纸

活动目标

1. 尝试用多种方法让纸发出声音，初步了解纸的种类和特征。

2. 养成爱惜纸张和书本的好习惯。

活动准备

不同材质的纸、关于纸的课件。

活动过程

1. 带领幼儿认识不同材质的纸。

(1)教师：桌子上有许多种纸。这些纸一样吗？请大家看一看、摸一摸，然后说说它们都是些什么纸。

(2)教师小结：桌子上有瓦楞纸、皱纹纸、牛皮纸……每种纸摸起来的感觉是不同的。

2. 幼儿尝试操作，探索让纸宝宝唱歌的方法。

(1)教师：小朋友们用哪种方法可以让纸宝宝唱歌呢？

(2)幼儿操作，教师观察指导。

(3)教师小结：小朋友们可以尝试着用嘴巴吹，用手揉，用手撕，这些都可以让纸宝宝唱歌。

3. 鼓励幼儿探索让同一张纸唱出不一样的歌的方法。

(1)教师：有什么办法能让同一张纸，唱出不一样的歌呢？

(2)幼儿自由探索。

(3)教师小结：采用不同的方法可以让同一张纸唱出不一样的歌。

4. 播放关于纸的幻灯片课件，让幼儿观察纸制品，了解纸的用途。

(1)出示图书、扇子、包装盒等纸制品，让幼儿了解纸可以做成不同的物品。

(2)教师小结：生活中我们要节约用纸、爱护书本。

温馨提示

教师通过创设纸宝宝唱歌的情境，鼓励幼儿大胆探索让纸张发出声音的不同方法，并让他们发现外力的轻重不同，同一张纸发出的声音就会不同，使幼儿在玩玩乐乐中拓展思维，提高动手能力。

将报纸放进去

活动目标

1. 探索将报纸放进薯片筒里的多种方法。

2. 培养幼儿解决问题的能力。

活动准备

报纸、薯片筒或者卷纸芯。

活动过程

1. 出示材料,引出问题。

教师:小朋友们,今天我给大家带来一些报纸,要把这么大张的报纸放进这个薯片筒里面,你们有什么好办法吗?

2. 请幼儿动手操作。

教师:我给每个小朋友都准备了一张报纸,请大家动手试一试吧!

3. 引导幼儿积极动脑想办法。

4. 请幼儿讲述自己的操作。

教师:谁来说一说自己是怎么放进去的?

5. 教师小结:可以将报纸撕成小纸条、揉成小球、叠成小块、剪成细条、搓成面条……

温馨提示

通过操作,幼儿解决问题的能力就会在这一过程中得到培养和提高。

幼儿在想办法将报纸放进薯片筒里

小刺猬摘苹果

活动目标

1.积极思考,大胆想象,解决故事中的问题。

2.了解不同动物的特征。

活动准备

小刺猬在果园的图片,小猴、大象、小鸟等动物的图片,画纸,画笔。

活动过程

1.出示小刺猬在果园里的图片,并给幼儿讲故事,吸引幼儿兴趣。

2.鼓励幼儿大胆想象,思考与同伴不同的方法。

(1)请个别幼儿讲述。

(2)先后向幼儿出示小猴、大象、小鸟等动物的图片,请幼儿思考这三种动物帮助小刺猬摘到苹果的方法。

(3)教师:这时,来了一只小猴,小朋友们,它能帮助小刺猬摘到苹果吗?

3.鼓励幼儿大胆讲述与别人不同的方法。

教师:谁还能帮助小刺猬想到别的摘苹果的办法?

4.教师小结:小猴爬上树,大象用长鼻子卷,小鸟飞到树上用嘴啄,它们用不同的方法帮助矮小的刺猬摘苹果。

温馨提示

身材高大类动物(如大象)、力气大的动物(如野猪、老虎、豹子)会选择撞苹果树帮助小刺猬摘苹果;会爬树的动物(如松鼠、鼹鼠会选择爬到树上帮助小刺猬摘苹果)。鼓励幼儿根据自己对不同动物特点的认识进行大胆联想,找到解决故事中问题的方法。

几条腿的动物

活动目标

1. 积极参与活动，发表自己的见解。

2. 初步了解不同的动物有不同数量的腿。

活动准备

动物图片。

活动过程

1. 出示小鸡、兔子的图片，初步了解两条腿和四条腿的动物。

教师：图片上是谁呀？它们各有几条腿？

2. 幼儿相互讨论交流。

(1)教师：你还知道哪些动物有两条腿，哪些动物有四条腿？

(2)教师小结：小鸡、小鸭……都有两条腿，小猫、小狗……都有四条腿。

3. 出示蚂蚁、章鱼、蜈蚣的图片，带领幼儿认识有许多条腿的动物。

(1)幼儿讲述图片上动物的情况。

(2)教师小结：蚂蚁有六条腿，章鱼有八条腿，蜈蚣有许多条腿。

4. 出示鱼、蛇、蚯蚓的图片，带领幼儿认识没有腿的动物。

5. 教师小结：有的动物有两条腿，如小鸭、小鸡等；有的动物有四条腿，如狗、猫、牛、羊、马等；有的动物没有腿，如鱼、蛇、蚯蚓等；还有的动物有许多条腿，如蚂蚁、章鱼、蜈蚣等。

温馨提示

在神奇的大自然中，不同的动物有不同数量的腿。教师针对这一自然现象，对幼儿开展思维训练活动，一方面拓展了幼儿的思维，另一方面也丰富了幼儿的知识，激发了幼儿对大自然的兴趣。

柜子上的饼干

活动目标

1. 和同伴进行交流,共同探讨解决问题的办法,提高合作能力。

2. 提高动脑解决生活中遇到的困难的能力。

活动准备

饼干、板凳、长棍、柜子、小熊木偶。

活动过程

1. 设置情境,导入活动。

教师:小熊来了。它的肚子好饿呀。有什么好吃的呢?它左看看,右看看,哇,柜子上有一包饼干。可是柜子太高了,怎么才能拿到它呢?

2. 鼓励幼儿和同伴交流,教师指导。

教师:请小朋友坐在一起商量一下,找到一个能帮助小熊的办法。

3. 请个别幼儿在同伴面前讲述小熊拿到饼干的方法。

4. 鼓励其他幼儿对同伴讲述的方法进行评价。

教师:他们想的这个办法可以吗?为什么?谁来试一试?

5. 教师小结:面对高高的柜子,小熊想要吃到柜子上的饼干,可以采取多种方法。如搬来一个板凳,自己站在上面;拿来一根长棍,增加手臂的长度;推倒柜子,让饼干掉落在地上;找来个子高的熊爸爸,请它帮忙……

温馨提示

教师在活动中要积极鼓励幼儿根据自己的生活经验,大胆寻找解决问题的方法。

尾 巴

活动目标

1. 认识不同动物尾巴的外形特征，了解尾巴的不同作用。

2. 仔细观察并大胆表达自己的看法。

活动准备

每位幼儿自带一张动物的图片，如猎豹、小马、啄木鸟、鱼、壁虎等，关于动物的尾巴的课件、录音机、磁带、油画棒、绘画纸。

活动过程

1. 幼儿就自己带来的图片相互交流，了解不同动物尾巴的外形特征。

(1)教师重点引导幼儿讲述图片中动物尾巴的外形特征。

(2)教师小结：动物的尾巴有大有小、有长有短、有粗有细。

2. 播放关于动物的尾巴的幻灯片，带领幼儿了解动物尾巴的不同作用。

(1)教师：你们知道动物的尾巴有什么作用吗？

(2)幼儿与同伴相互交流。

(3)教师小结：动物世界可真奇妙，动物的尾巴不仅长得各不相同，而且用处也各不相同。有的动物用尾巴来保持身体的平衡，如猎豹、狮子等；有的动物用尾巴来驱赶蚊虫，保护自己，如马、牛、驴等；还有的动物用尾巴来控制方向，如鱼、海豚等。

3. 听儿歌《谁的尾巴》，了解儿歌内容，巩固幼儿对动物尾巴的认识。

4. 绘画：《动物的尾巴》。

鼓励幼儿根据儿歌内容，画一种自己喜欢的动物，要求突出动物尾巴的特点。

温馨提示

激发幼儿对大自然的探究兴趣，进一步丰富幼儿关于动物尾巴的自然科学知识。如袋鼠在跳跃时，它的尾巴能调节身体的平衡，起到方向舵的作用，在疲惫时还能当凳子用；蛇在爬行时，它的尾巴能保持身体平衡；狐狸会用尾巴扫掉留下的脚印迷惑敌人，放出臭气熏人，还能把尾巴当被子用；猴子的尾巴能让自己倒挂在树上。

围巾上的图案

活动目标

1. 结合生活经验,大胆讲述围巾上的图案有哪些。

2. 感受围巾的不同材质,知道围巾是冬季的保暖品之一。

活动准备

围巾图片、幼儿每人自备一条围巾。

活动过程

1. 出示围巾图片,让幼儿自由讲述。

教师:看看这些围巾上都有些什么图案?

2. 幼儿与同伴讨论交流。

(1)幼儿向同伴讲述自己围巾上的图案。

(2)教师:你还见过什么样的围巾?

3. 鼓励幼儿用"有……"或者"有……还有……"句式描述围巾上的不同图案。

4. 教师小结:围巾上的图案有的是动物,有的是花朵,还有的是其他图案。

5. 感受围巾的不同材质。

幼儿摸一摸同伴带来的围巾,感受围巾的不同材质。

温馨提示

围巾是人们在冬天用来保暖的日用品。幼儿围巾上的图案通常很多,教师可以引导幼儿从围巾上的图案入手,丰富谈话的内容,增加幼儿讲述的乐趣。

它们为什么逃跑

✎活动目标

1. 根据教师讲述的故事中的情境大胆猜想小动物们可能会遇到的危险，并大胆表述自己的想法。

2. 大胆设想多种小动物们逃跑的原因，训练幼儿的逆向思维能力。

✎活动准备

一张许多动物在森林里逃跑的图片、录音机、磁带、木瓜图片。

✎活动过程

1. 讲述故事《咕咚来了》，鼓励幼儿根据情境大胆想象、猜测。

(1)幼儿听故事《咕咚来了》。

(2)幼儿猜测“咕咚”是什么，并和同伴讨论、交流。

(3)请个别幼儿在同学们面前讲述自己的猜测。

2. 拓展幼儿思维，引导幼儿大胆想象小动物们可能会遇到哪些危险，会受到哪些惊吓。

(1)鼓励幼儿大胆讲述自己的想法与猜测。

(2)幼儿进行小组讨论。

3. 教师小结：人和动物一样，在危险发生的时候，会逃跑。在逃跑的过程中，要镇定，不能慌张，保护好自己。

✎温馨提示

在本次活动中，教师引导幼儿进行了两次猜测和想象。第一次是猜测“咕咚”是什么；第二次是猜测除了怪声会让小动物觉得危险四散逃跑外，还会有什么信号会让小动物认为遇到了危险。

在超市里走失了怎么办

活动目标

1. 大胆交流如果自己在超市走失了,该怎样找到爸爸妈妈。

2. 安静倾听同伴的讲述,懂得走失后应如何保护自己。

活动准备

带幼儿到超市购物。

活动过程

1. 提出问题,激发幼儿思考的兴趣。

教师:磊磊和妈妈一起逛超市。超市里的人可多了,磊磊东看看,西望望,一不小心,发现妈妈不见了。磊磊该怎么办呢?

2. 幼儿互相讨论,讲述自己的想法。

3. 归纳幼儿的答案。

(1)站在原地等妈妈来找。

(2)请工作人员通过广播找妈妈。

(3)打 110 找警察叔叔。

(4)不吃别人给的东西,不跟陌生的人走。

4. 教师小结:平时和家人外出时,一定要和家人走在一起,不能一个人到处乱跑。如果和家人走散了,也别着急,可以按照刚才我们说的方法来解决问题。

温馨提示

幼儿在超市里走失了,他们的第一反应是害怕和恐惧,很多幼儿表现为哭闹。因此设计这个活动的目的是促使幼儿思考如果自己走失了,该怎样在第一时间找到爸爸妈妈,并学会保护好自己。通过让幼儿和同伴交流、讨论,让幼儿分辨哪些方法是可行的,哪些方法是不可取的,从而进一步增强幼儿的自我保护能力。

聪明的小鸡

活动目标

1. 能想出不同的方法帮助小鸡。

2. 愿意帮助别人，养成乐于助人的好习惯。

活动准备

狐狸木偶、小鸡木偶。

活动过程

1. 出示狐狸木偶和小鸡木偶，给幼儿讲故事。

2. 幼儿想象帮助小鸡的各种方法。

(1)教师：小鸡那么弱小，怎么办呢？我们来给它想想办法吧！

(2)幼儿自由讲述自己想的办法，并请其他小朋友来评论这种方法是否可行。

(3)幼儿讨论，教师巡回指导。

3. 教师小结小鸡对付狐狸的方法：

(1)小鸡趴在皮球上，把皮球当船划过去；

(2)小鸡拿铲子挖地洞，自己躲进去，再用树枝盖上，不让狐狸发现自己；

(3)把钉子放在地上，让狐狸踩到，狐狸站不稳了，小鸡把它推到河里；

(4)把绳子拴在树上，把狐狸绊倒，让它摔到河里。

温馨提示

设计这个活动，目的是让幼儿了解在遇到危险和困难时，要积极动脑筋想办法解决困难，消除危险。

魔力水果

活动目标

1. 大胆想象水果的神奇魔力。

2. 敢于在集体面前表达自己的想法。

活动准备

爱心水果图片、小棒子、橡皮泥、水果纸。

活动过程

1. 出示爱心水果图片，讲述水果的魔力。再扮演巫婆，手持魔法棒（小棒子），对着爱心水果念咒语：巴拉巴拉，变。

教师：爱心水果有一种神奇的魔力，吃了它的人都会变得有爱心、善良。

2. 幼儿大胆想象具有特殊魔力的水果。

(1) 教师：如果你是小魔法师，你能变出一种神奇的魔力水果，你希望它会有什么魔力呢？

(2) 幼儿小组讨论，并请个别幼儿讲述。

3. 教师小结：你们的魔力水果太神奇了，有的可以让残疾人恢复健康，有的可以让地震中倒塌的房子重新竖起来，还有的可以让海水变成可以喝的淡水，真棒！（根据幼儿回答的具体情况进行小结）

4. 幼儿制作魔力水果。

(1) 幼儿用橡皮泥，制作自己的魔力水果。教师从水果的颜色、形状、大小等方面指导幼儿。

(2) 请幼儿继续介绍自己制作的魔力水果的魔力。

温馨提示

施了魔法的水果，能实现一些幼儿在现实生活中不能达到的愿望。例如，吃了长高水果，个子就能很快长高；吃了有免疫功能的水果，就不会再生病……鼓励幼儿大胆想象，感受魔力水果的魔力。

有趣的水

↳活动目标

1. 能用较连贯的语言讲述水在生活中的作用。

2. 感受水资源的宝贵，增强节约水资源的意识。

↳活动准备

小朋友洗脸的图片、妈妈洗衣服的图片。

↳活动过程

1. 出示图片，让幼儿观察。

(1)教师：图上有谁，他们都在干什么？

(2)请个别幼儿讲述。

(3)教师：水除了可以用来洗脸、洗衣服，还可以干什么？

(4)幼儿相互交流，教师倾听，指导幼儿用较连贯的语言讲述。

2. 向幼儿讲述水的作用。

(1)教师：水可以洗菜、煮饭、浇花、洗衣服、洗澡、洗碗、养鱼……我们的生活是离不开水的。生活中的水非常重要，除了人们需要水，还有谁也需要水？

(2)拓展幼儿思维，知道动物和植物也需要水。

(3)教师小结：人类的生活离不开水，动物和植物没有水也无法生存。地球上水资源十分有限，我们要保护水资源，节约每一滴水。

4. 让幼儿讲述节约用水的好办法，增强他们节约水资源的意识。

(1)教师：水这么重要，我们该怎么节约用水呢？

(2)幼儿讲述。

(3)教师小结：用完水之后关紧水龙头、洗完菜的水可以用来拖地和浇花、洗澡水可以用来洗衣服等。都是节约用水的好方法。

↳温馨提示

本次活动除了要引导幼儿拓展思维，去发现、讲述水的用处外，还要引导幼儿结合生活经验讲述节约用水的不同方法，既达到了训练幼儿思维的目的，又对幼儿进行了环保教育。

爸爸为什么会迟到

活动目标

1. 根据生活经验大胆猜想并讲述爸爸迟到的原因。

2. 在生活中养成守时的好习惯。

3. 养成独立思考的好习惯。

活动准备

一位中年男子匆忙上班的图片。

活动过程

1. 情境导入,引导幼儿大胆思考。

(1)教师:今天小明的爸爸上班迟到了,你们猜猜,他为什么会迟到呢?

(2)幼儿自由讲述。

2. 总结幼儿的回答,表扬能独立思考、大胆发言的幼儿。

3. 拓展话题,让幼儿懂得遵守时间,养成守时的好习惯。

(1)教师:小朋友们,你们迟到过吗? 迟到的时候你是什么感觉? 你觉得我们该怎样做才能不迟到呢?

(2)幼儿讨论。

(3)教师小结:刚才小朋友们提了很多好的建议,比如我们可以定好闹钟,提前将出门的物品准备好,路上时间多留点,做事不磨蹭,等等。希望我们每个小朋友都能按这些方法去做,做个遵守时间的孩子。

温馨提示

在本次活动中,除了通过"小明爸爸为什么会迟到"这样的事情鼓励幼儿大胆思考,讲述小明爸爸迟到的原因外,教师还要抓住契机,对大班幼儿进行时间管理教育,引导他们懂得如何避免迟到现象的发生,在生活中养成守时的好习惯。

我会冒热气

活动目标

1. 发现生活中会冒热气的物体。

2. 发表自己的观点。

3. 尝试用绘画的形式表现“我会冒热气”。

活动准备

冒热气的物体图片、画纸、油画棒。

活动过程

1. 讲述故事《嘴巴冒热气》,导入课题。

(1)教师:故事里谁在冒热气?它为什么会冒热气?

(2)鼓励幼儿大胆地讲述,其他幼儿安静地倾听。

2. 出示各种冒热气的物体图片。

教师:图上是什么?它怎么啦?

3. 引导幼儿联系生活经验,讲述会冒热气的物体,并尝试用绘画的形式表现“我会冒热气”。

(1)幼儿与同伴讨论生活中会冒热气的物体。

(2)教师:你还知道谁也会这样冒热气?

(3)个别幼儿讲述。

(4)鼓励幼儿大胆发挥想象力,画出生活中会冒热气的物体。

4. 迁移知识经验,引导幼儿到生活中寻找冒热气现象。

教师:生活中还有很多冒热气现象,你们可以发现后再告诉大家。

温馨提示

生活中有很多冒热气现象。如高压锅会冒热气、刚端上桌的热菜或汤会冒热气、开水会冒热气、冬天嘴巴会冒热气、洗过澡的身上也会冒热气……教师在拓展幼儿思维的同时,也可结合该活动对幼儿进行安全教育,提醒幼儿在生活中应注意不要被烫伤。

长大了，你会有什么变化

✎活动目标

1. 通过比较自己以前的照片，感受成长的快乐。

2. 能用较清晰的语言描述自己成长的变化。

✎活动准备

请幼儿带一张自己1岁以前的照片，幻灯片课件。

✎活动过程

1. 将幼儿小班时在园照的照片做成幻灯片课件。

(1)教师：小朋友们，我们一起来看一看，照片里都有谁啊？

(2)请幼儿讲述。

(3)教师小结：这些都是你们小班时在幼儿园里照的照片，现在你们已经长大了，是大班的哥哥姐姐了。

2. 幼儿通过比较照片，发现自己成长的变化。

(1)请幼儿拿出照片和同伴交流。

(2)个别幼儿讲述自己的变化。

(3)教师小结：小朋友，你们每天都在长大，个子长高了、身体变壮了、饭量变大了、懂得的知识也多啦。

3. 播放各种职业人群的幻灯片，让幼儿想象自己长大后可能从事的职业。

(1)教师：长大后你想干什么工作呢？

(2)教师小结：每个小朋友都有自己的理想。为了实现理想，要从现在开始努力做好每一件事情。

✎温馨提示

本次活动不仅拓展了幼儿的思维，让幼儿大胆讲述自己成长过程中的变化，还让幼儿对自己未来的职业进行了大胆想象，激发了幼儿对未来职业的向往之情。

各种各样的糖果

活动目标

1. 了解糖果的种类。

2. 观察糖果的外形、品尝糖果的味道。

活动准备

糖果图片,每位幼儿从家中带一些糖果。

活动过程

1. 谈话导入,引导幼儿回忆吃过的糖果。

(1)教师:小朋友们,你们都吃过哪些糖果呢?它们都是什么味道的?

(2)教师小结:小朋友吃过水果糖、奶糖、椰子糖、棒棒糖、粽子糖……有的糖果是甜甜的,有的糖果是酸酸的,有的糖果是牛奶味的,有的糖果是水果味的。(根据幼儿的回答,教师进行小结)

2. 出示糖果图片,引导幼儿讲述糖果的不同外形。

(1)教师:今天我们去糖果世界参观,你认识这些糖果吗?它们是什么样子的?

(2)教师小结:这些糖果有的是圆形的,有的是方形的,颜色也各不相同。

3. 幼儿与同伴交换品尝糖果。

教师:请小朋友把你们带来的糖果和身边的小伙伴们交换,然后再尝一尝。吃完以后告诉大家你吃的糖果是什么味道的。

4. 教师小结:糖果虽然好吃,但是不能贪吃,因为吃多了容易长蛀牙。

温馨提示

甜甜的糖果是很多孩子的最爱。本次活动从幼儿爱吃的糖果入手,引导幼儿通过观察糖果的不同外形,品尝糖果的不同口味,从而丰富幼儿对于糖果的认识。同时,活动中教师对幼儿进行的"少吃糖果,保护牙齿"的教育也非常具有现实意义。

电话号码

活动目标

1. 对 0～9 数字进行多种排列组合，寻找它们的奇妙之处。

2. 记住自己家里或者父母的电话号码，并了解特殊电话号码的作用。

活动准备

0～9 的数字卡片人手一份，小猪和小羊家的电话号码，标有各种动物头像的空白记录卡片，笔。

活动过程

1. 出示小猪、小羊家的电话号码，引导幼儿感知数字的排列组合。

教师：小猪约小羊出去玩，给小羊打电话。小猪家的电话号码是 65667386，小羊家的电话号码是 62489432。

2. 和幼儿一起寻找电话号码的秘密。

(1)教师：电话号码都是由几个数字组成的？(8 个)号码中的数字有什么秘密吗？

(2)每一个电话号码都是由 0～9 这 10 个数字中的 8 个数字随机排列组合而成的。

3. 幼儿按要求给小狗家设计电话号码。

教师：请小朋友给小狗家设计一个电话号码，并写在卡片里。

4. 让幼儿了解生活中的电话号码。

(1)幼儿讲述自己家中的电话号码。

(2)教师：家中的固定电话是由 8 个数字组成的，那么父母的手机号码是由多少个数字组成的？

(3)带领幼儿记住与生活密切相关的特殊电话号码。

教师：110 报警，119 火警，120 急救。

(4)教师小结：我们的生活离不开电话号码，牢记一些特殊的电话号码能帮助我们解决问题。

温馨提示

与我们的生活密切相关的号码还有：114 查询号码、121 天气预报号码、122 交通事故报警号码、12315 消费者投诉热线等。

噪音真难听

活动目标

1. 了解什么是噪音，懂得噪音对身体有害。

2. 懂得在公交场合说话时要轻柔，取放物品时要轻拿轻放。

活动准备

自制音频材料（幼儿哭闹声）和视频材料。（小朋友敲打桌子上的玩具、小朋友在吃完午餐后把碗扔进提桶内）

活动过程

1. 播放噪音音频，让幼儿感受噪音。

（1）教师：小朋友，你听到了什么声音？有什么感受？

（2）教师小结：这声音听起来很吵，让我们觉得难受。这种让人们听起来难受、影响人们生活的声音就是噪音。

2. 引导幼儿讲述生活中还有哪些声音是噪音。

（1）教师：在我们的生活中，有哪些声音是让你听着很难受的噪音？

（2）教师小结：生活中的噪音有很多，如汽车的喇叭声、机器的轰鸣声、很大的吵闹声、很重的关门声，等等。噪音会影响我们的生活，没有人喜欢它。

3. 带领幼儿观看视频。

（1）教师：电视里的小朋友在干什么？你觉得他们这样做对吗？为什么？玩玩具时，我们应该怎么做？

（2）教师：他在干什么？你觉得他应该怎么做？

（3）幼儿自由讲述。

（4）教师小结：大家都不喜欢噪音，所以我们每个人都要从自己做起，不制造影响别人的噪音，平时说话要轻声，走路、关门、取放物品动作也要轻。

温馨提示

可对噪音作如下分类：1. 交通噪声：包括机动车辆、船舶、地铁、火车、飞机等发出的噪声。2. 工业噪声：工厂的各种设备发出的噪声。3. 机械噪声：建筑机械发出的噪声。4. 社会噪声：包括人们的社会活动和家用电器等发出的噪声。

手　机

活动目标

1. 了解手机的作用及手机给人们生活带来的各种影响。

2. 能用较完整的语言讲述手机的多种功能。

活动准备

各种手机的图片。

活动过程

1. 猜谜：手机。

教师：大的大，小的小，要联系，少不了，千里传音功夫高。

2. 简单了解手机的品牌名称。

(1)教师：你的爸爸、妈妈用的是什么牌子的手机？

(2)教师：你还知道哪些牌子的手机？

3. 出示图片，带领幼儿重点了解手机的多种功能。

(1)幼儿讲述手机的基本功能。(如打电话、接电话、发信息等)

(2)拓展幼儿对手机特殊功能的了解。(如导航、电子钱包、在线视频、照相、录像、上网等)

4. 教师小结：如今手机不仅可以用来打电话，还可以网上购物、阅读、观看视频、听音乐、玩游戏、摄像、拍照等。

5. 尝试从不同角度阐述手机给人们生活带来的影响。

(1)教师：现在几乎每个人都有手机，你们觉得手机在给我们带来方便的同时，带来了什么不好的影响？

(2)教师小结：现在人们十分依赖手机，走路、坐车的时候都低着头看手机，这样很容易发生意外，经常看手机，还会对视力造成伤害。接打手机时间过长，手机的辐射也会影响健康。

温馨提示

手机的前身是传呼机，又称“BB机”。手机刚开始出现的时候因为价格昂贵，且外形相对较大，被称为“大哥大”。随着技术的发展，手机外形变小、价格降低，开始走向普通民众，“手机”因而得名。而手机也由最初单纯作为通讯工具逐渐智能化，拥有音乐、照相、上网等多种功能，成为现代人的必备之物。

网上购物真方便

活动目标

1. 知道网购是现代人购物的一种新方式。

2. 讲述家人的网购经历，感受网购的便利。

活动准备

各种包裹的图片、快递人员送快递的图片。

活动过程

1. 谈话导入，引出主题。

教师：你们的爸爸妈妈会在网上买东西吗？

2. 让幼儿初步了解什么是网购，感受网购的便利。

(1)教师：爸爸妈妈用电脑或者手机在互联网上购物的行为，就叫“网购”。

(2)教师：你家人网购过什么？网购的物品是怎么到我们手上的？

(3)教师小结：网上可以买到衣服、鞋子、电器等商品，网购的商品可以通过快递公司或物流送到我们手上。

(4)教师：你觉得网购和到商场去买东西相比，哪种更方便？

(5)教师小结：网购商品不用出门，在网上就能看到实物很方便，节约了时间。

3. 幼儿讨论自己想网购的物品。

(1)教师：你最想网购什么？为什么？

(2)幼儿回答，教师根据幼儿回答内容进行小结。

温馨提示

网购已成为当今很多人购物的主要方式，所以孩子们对网购并不陌生。通过本次活动，孩子们了解了网购的便捷，就自己最想网购什么畅所欲言，拓展了幼儿的思维。

风的力量

活动目标

1. 感受空气流动能产生风的现象。

2. 大胆探索产生风的方法。

活动准备

海面上行驶的帆船图片、飘在空中的蒲公英图片、风车图片、风筝在天空中飞翔的图片、房屋倒塌的图片、树木折断的图片、扇子、卡纸、小木板、吸管、小风车、书、气球打气筒。

活动过程

1. 让幼儿操作小风车，初步感受风的形成。

(1)教师：请你想办法让你的小风车转起来。

(2)请幼儿讲述自己的方法。

(3)教师：为什么我们拿着风车跑或者用嘴吹风车，风车就能转起来？

(4)教师小结：空气流动时，会形成风，有了风，风车就会转动。

2. 引导幼儿探索产生风的方法。

(1)教师：桌子上有很多的东西，请你们试试，怎样使它们产生风？

(2)幼儿探索，与同伴大胆交流自己的发现。

3. 出示准备好的5张图片，引导幼儿观察、讲述，了解风的作用。

(1)教师：风对我们的生活有没有帮助呢？我们来看看。

(2)幼儿看图讲述。

(3)教师小结：顺着风，船可以划得更快；风可以将蒲公英的种子传播到各个地方；风可以带动风车转动；风可以让风筝飞得高高的。

4. 拓展幼儿的思维，鼓励幼儿大胆讲述风的不同作用。

(1)教师：风在生活中还有哪些作用？

(2)幼儿大胆讨论、交流。

(3)教师：风在给我们带来帮助的同时，有没有什么危害呢？

5. 教师小结：风在生活中有很多作用，它可以被用来发电，也可以被用来降温。但是台风或者龙卷风会给我们的生活带来各种危害，如房屋倒塌、树木折断、沙尘暴等。

温馨提示

在活动之前，可以请家长在家里事先给孩子讲解一些与风有关的知识，以拓展幼儿的思维，为完成本次活动做好铺垫。

旅游带什么

活动目标

1. 能根据自己的生活经验讲述旅游时应带哪些物品。

2. 独立思考问题，安静倾听同伴讲述。

活动准备

滑雪的图片、海边游泳的图片。

活动过程

1. 挑选个别幼儿回答问题，引出主题。

教师：你们去哪里旅游过？那里有什么好玩的？

2. 出示图片，引导幼儿思考，出去旅游要做哪些准备。

教师：去不同的地方旅游，要准备不同的物品。看看去图片中的这些地方玩，要准备哪些物品？

(1)幼儿相互讨论。

(2)教师小结：旅游要带食品、药品、生活日用品、服装等。

3. 引导幼儿进一步讨论食品、药品、生活日用品、服装的具体内容。

(1)食品包括水果、面包、零食。

(2)药品有感冒药、治肚子痛的药、创可贴。

(3)生活日用品有旅行包、餐巾纸、毛巾、牙膏、牙刷、小镜子、梳子、雨伞、杯子等。

(4)服装有洗换衣服、手套、围巾等。

(5)教师小结：旅游时带的物品应当适量，带得太少会不够吃、不够用，带得太多会装不下、背不动，玩起来也不方便。药品、日用品、服装要放在旅行包里，食品要放在食品袋里，钱、手机、餐巾纸等这些小东西要放在小包里，以方便随时拿放。

温馨提示

去不同的地方旅游，需要提前了解当地的气候。例如，北京夏季高温多雨，要注意防晒，也要注意防雨。海南旅游需要穿旅游鞋、戴墨镜、搽防晒霜等。在冬季零下几十度的哈尔滨旅游要注意保暖，如果带了专业相机，一定要注意机器的保暖。

下雨了

✎活动目标

1. 初步了解动物有预测天气的本领。

2. 了解安全避雨的基本常识,提高自我保护能力。

✎活动准备

安全避雨的视频、动物预知下雨的幻灯片。(蜻蜓低飞、蚂蚁成群出洞、小鱼浮出水面、蜘蛛收网)

✎活动过程

1. 情景导入,让幼儿了解安全避雨的基本常识。

(1)教师:妈妈送豆豆走在去幼儿园的路上,突然下起了大雨。她们应该去什么地方避雨呢?

(2)幼儿结合自己的生活经验,进行讨论。

(3)教师:豆豆和妈妈选择在大树底下避雨安全吗?为什么?

(4)教师小结:下雨时,不要在大树底下避雨,身上的水要及时擦干,以免雷电击中。

2. 播放安全避雨视频,了解更多的避雨常识,提高自我保护能力。

教师小结:雷雨天气出行,除了不能在树下避雨,还要注意,不要靠近路灯杆、信号灯杆、空调室外机、落地广告牌,因为大风有可能会吹倒它们,砸伤自己。

3. 播放幻灯片,让幼儿了解动物具有预测天气的本领。

(1)教师:天气变化无常。当看到乌云来临时,动物会不会提前知道大雨要来了?

(2)幼儿相互交流。

(3)播放幻灯片,了解蜻蜓低飞、蚂蚁成群出洞 、小鱼浮出水面、蜘蛛收网的原因。

4. 拓展知识。

教师:除了动物,植物也有预测天气的本领。如含羞草会"害羞"的半开半合,预示要下雨。

↳温馨提示

当动物出现一些反常的现象时，如羊总爱躺在屋檐下，不去草地上吃草；蛇爬出洞透透气；乌鸦满天回旋飞翔大叫；青蛙叫声大而密；鸡不愿意回笼子里，睡觉时头朝向鸡窝里面睡，等等，这就预示着大雨将至。

节约用水小妙招

活动目标

1. 讲述多种节约用水的方法，知道水与人们生活的关系。

2. 养成保护环境的好习惯。

活动准备

土地干裂的图片、生活中使用水的图片、油画棒、绘画纸。

活动过程

1. 出示土地干裂的图片，导入活动。

教师：小朋友们，请你们看一看，图片上的土地怎么了？为什么会这样呢？

2. 引导幼儿感受水的重要性。

(1)出示生活中使用水的图片，让幼儿感受水的重要性。

(2)教师：除了土地需要水，我们的生活中还有哪些地方也需要水呢？

(3)教师小结：平时我们洗脸、洗澡要用水，洗衣服要用水，人们生活离不开水。

3. 幼儿与同伴分享节约用水的小妙招。

(1)个别幼儿讲述节约用水的好办法。

(2)拓展幼儿思维，了解更多的节约用水的妙招。

(3)教师小结：一般情况下，水可以重复使用。用过的水还可以用来洗衣服、拖地、冲厕所、洗鞋子。洗菜和洗手的水可以用来冲厕所或浇花。随时关紧水龙头，避免浪费。洗手的时候水不能开得太大。洗澡时采用省水的淋浴。擦肥皂和刷牙及洗碗、筷时，要注意及时关上水龙头。发现水龙头有滴漏现象时，用水盆接住滴漏的水，然后请大人及时维修。劝妈妈衣服少的时候尽量用手洗，这比用洗衣机省水又省电。发现有人浪费水时，应及时制止。

4. 引导幼儿设计、制作节水标志，向他人宣传。

温馨提示

地球上水资源匮乏的现象越来越严重。在本次活动中，幼儿就如何节约用水集思广益，既拓展了幼儿思维，又很好地对幼儿进行了节水教育，做到节约用水。

寒冷的冬天

✎活动目标

1. 了解动物过冬的不同方式。

2. 锻炼幼儿的语言表达能力。

✎活动准备

候鸟南飞的图片、青蛙冬眠的图片、动物过冬的幻灯片。

✎活动过程

1. 出示图片，引导幼儿讲述。

教师：图上有谁？它们在干什么？它们为什么要这样做？

2. 拓展幼儿思维。

(1)带领幼儿观看动物过冬的幻灯片，了解动物过冬的不同方式。

(2)幼儿讲述幻灯片中动物过冬的不同方式。

3. 教师小结：寒冷的冬天，动物们过冬的方式各种各样：有的选择冬眠，有的飞到南方去，有的换上厚厚的羽毛。

4. 幼儿讲述人们过冬防寒的方法。

(1)幼儿相互讨论。

(2)教师小结：运动不仅可以使身体变得强壮健康，还可以使身体变得暖和起来，让我们不畏惧严寒。

✎温馨提示

冬季气温降低，食物变少，动物过冬的方式大致分为：

1. 直接过冬。羊、猪、牛、马、猴等动物在冬季来临前，会换上一身厚厚暖和的冬装（畜类换毛，鸟类换羽）。田鼠在冬季来临时还会贮存食物。

2. 向南方迁徙。大雁、燕子、丹顶鹤、天鹅等会飞到暖和的南方过冬。西藏可可西里的藏羚羊也会迁徙。

3. 冬眠。旱獭、松鼠、刺猬、熊、蛇等，可以几个月不吃不喝，睡上一个冬天。

人造卫星

活动目标

1. 了解人造卫星的种类和用途。

2. 大胆想象未来人造卫星的特殊功能。

3. 运用多种废旧材料设计制作“人造卫星”,发展想象力。

活动准备

各种人造卫星的图片、简短的人造卫星视频、透明胶带、双面胶、剪刀、各种废旧材料。

活动过程

1. 观看图片,了解人造卫星。

(1)出示人造卫星图片。

教师:图上是什么? 在什么地方?

教师:月球围绕着地球运动,它是地球的卫星。有一些卫星也围绕着地球运动,它们叫人造地球卫星。

2. 观看简短的人造卫星视频,了解人造卫星的用途。

(1)教师:人造卫星是用来干什么的呢?

(2)教师小结:人造卫星,有的能观测气象,有的能通讯导航,还有的可以进行军事侦察。它们需要用火箭送入太空,将观测到的数据传回地球。

3. 使用废旧材料,尝试动手制作人造卫星。

(1)教师:未来,我们的生活还会需要什么样的人造卫星? 它能为人们提供哪些方便?

(2)幼儿发挥想象力,动手制作“人造卫星”。

(3)教师巡回指导。

(4)幼儿讲述制作的人造卫星的特殊功能。

4.幼儿相互欣赏作品。

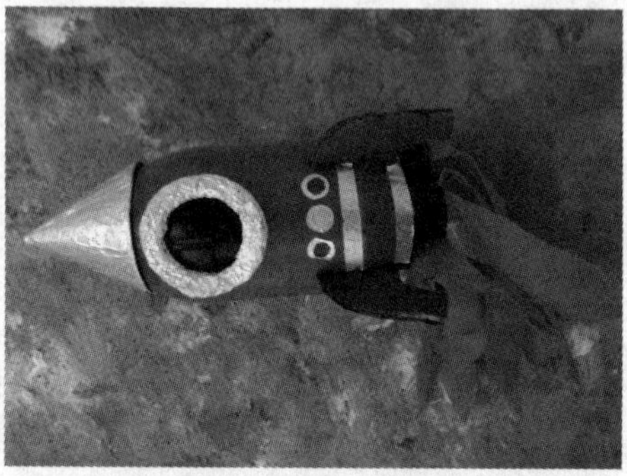

温馨提示

人造卫星是个大的家族。它可分为三大类:科学卫星、技术试验卫星和应用卫星。其中应用卫星是直接为人类服务的卫星,它的种类最多,数量最大,包括通信卫星、气象卫星、侦察卫星、导航卫星、测地卫星、地球资源卫星、截击卫星等。这些卫星能为人类生活、工作带来许多的方便。幼儿在教师辅导下制作人造卫星时利用的是废旧材料,也是进行环保学习的一种方式。

环保达人在行动

活动目标

1. 知道雾霾会危害人体健康。

2. 学会从自我做起,为保护环境尽一份力。

活动准备

关于雾霾天气的幻灯片、各种天气的符号标识、自制雾霾标识图片。

活动过程

1. 出示各种天气的符号标识,引导幼儿识别。

(1)观看幻灯片,感受雾霾天气的样子。

教师:照片里是什么样的天气?你喜欢这样的天气吗?为什么?

(2)出示雾霾的符号。

教师:这些符号表示什么样的天气?你认识雾霾天气的符号吗?

2. 结合生活经验,请幼儿说说雾霾对人体健康的伤害。

(1)鼓励幼儿积极讨论。

(2)请个别幼儿讲述,提醒幼儿安静倾听同伴的回答。

3. 播放关于雾霾天气的幻灯片,了解雾霾产生的原因。

(1)教师:生活中,哪些原因会导致雾霾的产生?

(2)教师小结:汽车排出的尾气、工厂里排出的废气、放鞭炮时产生的烟、建筑工地上的扬尘、农田烧草的烟等都是形成雾霾的原因。

4. 倡导幼儿共同参与环保行动,明白环保是大家共同的责任。

(1)生活中要节约水、电、纸等。

(2)少用一次性的筷子、纸杯、饭盒、塑料袋等。

(3)告诉家人少开汽车,尽量使用公共交通工具等。

(4)多多种树,不乱扔垃圾,不随地吐痰等。

教师:小朋友赶快行动起来吧,从今天开始,我们不仅要从身边的每一件小事做起,为保护环境出一份力,还要告诉身边的人,让大家一起来保护我们的地球家园。

温馨提示

雾霾是雾和霾的混合物,雾是自然天气现象,空气中水汽氤氲,虽然以灰尘作为凝结核,但总体无毒无害;霾的核心物质是悬浮在空气中的烟、灰尘等物质,颜色发黄。霾气体能直接进入并黏附在人体下呼吸道和肺叶中,对人体健康有伤害。

灯

活动目标

1.认识不同种类的灯,了解它们的特殊用处。

2.养成爱观察的好习惯。

活动准备

有关各种灯的图片。(如医院的无影灯、交通路口的红绿灯、马路上的照明灯、酒店里的水晶灯、舞台上的射灯、汽车上的车灯,以及家里的台灯、日光灯等)

活动过程

1.和幼儿谈话,让其讲述他家里都有哪些灯。

(1)教师:晚上天黑了,家里要开灯。你们家里都有哪些灯?

(2)幼儿和同伴交流。

(3)教师小结:家里的灯可真多,有台灯、壁灯、日光灯、吸顶灯。

2.出示图片,让幼儿了解特殊灯的种类和用途。

(1)幼儿观看图片,了解特殊灯的用处。

教师:这是哪里?为什么要用这样的灯?

(2)幼儿相互讲述特殊灯的作用。

(3)拓展幼儿思维,让他们想象更多特殊的灯的名称。

教师:还有哪些特殊的灯呢?

(4)教师小结:我们的生活离不开灯。除了照明的灯以外,还有很多有特殊功能的灯,这些灯给我们的生活带来方便。

3.教育幼儿知道保护眼睛的重要性。

↳温馨提示

美国的托马斯·阿尔瓦·爱迪生发明了电灯。一般来说，家庭居室所用的是照明灯，这些灯可分为吊灯、吸顶灯、壁灯、台灯、落地灯等。其他用途的灯，如机场的导航指示灯、医用的红外线灯、家用的取暖浴霸灯。各种灯在人们的生活中都有着非常重要的作用。

看图讲述

看图讲述是指教师引导幼儿在观察图片、理解图意的基础上，发挥想象，运用完整连续、有条理的语言表达图意的一种活动。看图、想象、表达是培养幼儿看图说话能力的“三部曲”。看图仔细，表达才会具体；想象丰富，表达才会生动。因此，看图和想象是表达的基础；表达是看图和想象的结果。本章提供的图片可分为单幅图片和组图两类。单幅图片的内容相对简单，画面中内容较丰富，往往一幅图就包含了一个故事。组图是由多幅图片组成的。每组图呈现一个完整的故事。所以，看图既要观察细节，找到图与图之间的逻辑关系，又要观察整体，找出图片中的故事内容。

看图讲述的主要功能在于培养幼儿的观察能力、口语表达能力、思考能力、想象能力。看图讲述还可以丰富幼儿知识，培养良好的品行与情感等。

逛超市

活动目标

1. 尝试制作超市购物单，让幼儿初步了解超市的商品分类摆放。

2. 准备春游物品，学习有计划地做事。

活动准备

空白的购物单、笔。

活动过程

1. 和幼儿谈话，引出主题。

教师：小朋友们，我们明天要去春游，所以今天要去超市买春游要用的东西，你们打算购买什么？

2. 带领幼儿认识购物单，幼儿学习记录。

(1)观看购物单，分析记录的方法。

教师：这个单子你觉得有什么用？该怎样记录呢？

(2)请个别幼儿讲述自己对购物单的理解。

(3)教师小结：购物单上的数字表示在超市购买商品的数量。在数字后面的空格处，可以把自己想买的商品简单的画出来。这样去超市一看购物单，就知道要买什么商品了。

3. 幼儿填写购物单，教师指导。

4. 幼儿相互交流自己的购物单。

5. 幼儿讲述所购商品及购买理由。

6. 教师小结：小朋友们进入超市，看到的商品是分类摆放的。例如玩具和玩具放一起，各种水果放一起，各种零食放一起。小朋友们应根据自己的购物单，先去找这些商品的货架，把同类的商品一起买回来，这样不但可以节约时间，还不会漏买。

温馨提示

制作好购物单后，教师可以组织幼儿带着购物单去超市购物，既能让幼儿感受购物单的作用，又能提高幼儿的社会实践能力。

选图说话

✎活动目标

1. 选择自己喜欢的图片进行讲述，要求语言完整、流畅。

2. 积极参加集体活动，大胆地表达自己的想法。

✎活动准备

4 个篮子，篮子里分别放人物类图片（爸爸、妈妈、宝宝等）、动物类图片（小猫、小狗、小白兔等）、物品类图片（衣服、床、毛巾等）和地点类图片（公园里、马路上、幼儿园等）。

✎活动过程

1. 出示图片，引导幼儿初步认识不同种类的图片。

(1) 教师：这里有 4 个神奇的篮子，看看这些篮子里都有哪些图片。

(2)教师小结：1 号篮子里有许多人的图片，2 号篮子里有许多动物的图片，3 号篮子里是各种物品的图片，4 号篮子里是各种不同场景和地方的图片。

2. 介绍游戏“我选你说”，让幼儿初步了解游戏规则。

(1)教师：今天我们来玩一个好玩的游戏，如果老师分别从 2 个篮子里各选 1 张图片，你会根据这 2 张图片内容说一句话吗？

(2)一位幼儿选择图片，教师讲述。若幼儿选“小狗”和“公园”这 2 张图片，教师就可以说：“小狗在公园里玩耍。”

3. 幼儿轮流进行游戏，教师巡回指导。

(1)请幼儿选 2 张图片，再按要求说一句话。

(2)增加游戏难度。引导幼儿尝试选择 3 张图片，再说一句话。

4. 教师小结。表扬积极参加活动的幼儿。

✎温馨提示

这个游戏对于幼儿来说并不难，重点在于教师要通过讲解和指导，鼓励幼儿发挥想象力。

越……越……

活动目标

1. 养成认真观察的习惯。

2. 学习使用“越……越……”句式说话。

活动准备

油画棒、白纸、垒高积木、橡皮泥、彩色卡纸。

活动过程

1. 幼儿分组游戏。

搭积木垒高，用彩色卡纸剪纸，捏橡皮泥，在白纸上画画。

2. 结束游戏，引导幼儿谈话。

(1)教师：你刚才玩了什么游戏？玩的时候，你的作品发生了什么变化？

(2)引导幼儿用“越……越……”句式说话。例如，积木越搭越高、卡纸越剪越小、橡皮泥越捏越软、图片越涂越美等。

3. 教师小结。对回答问题积极的幼儿给予肯定。

温馨提示

提供一些让幼儿回答的问题：

(1)我们越长越高。

(2)雪越下越大。

(3)我们越来越懂事了。

(4)马路上的汽车越来越多了。

(5)楼房越盖越高了。

公园里有什么

活动目标

1. 仔细观察图片并进行大胆想象。

2. 能清楚、连贯地讲述图片内容。

活动准备

公园的图片。

活动过程

1. 出示图片，引导幼儿观察。

教师：这是哪里？从哪里知道是公园？

2. 幼儿根据图片大胆联想。

教师：你看到公园里都有谁？他们都在干什么呢？他们是从哪来的？他们可能会去哪？你还想到了什么？

3. 幼儿分组和同伴进行讨论交流。

4. 鼓励幼儿大胆发言。

教师：你能根据图片内容用自己的话编一个故事吗？

5. 教师小结。表扬积极发言和认真倾听的幼儿。

温馨提示

本次活动从幼儿熟悉的一个生活场景入手，引导幼儿围绕图片，结合自己的生活经验进行大胆想象和表达，可锻炼幼儿的思维能力，提高幼儿的语言表达能力。

老人与小孩

活动目标

1. 用对比的方法比较老人与小孩的不同生理特征。

2. 懂得尊重身边的老人。

3. 懂得人的生命成长演变的过程。

活动准备

老人、小孩上公共汽车的图片，幼儿和爷爷、奶奶或其他长辈的合影。

活动过程

1. 出示老人上公共汽车的图片。

(1)教师：他们是谁？他们准备干什么？在公共汽车上，老人们会有座位吗？

(2)幼儿讨论。

2. 出示幼儿和爷爷、奶奶的合影，引导幼儿进行多角度对比讲述。

(1)教师：每个小朋友都有爷爷、奶奶，你发现自己和爷爷、奶奶有什么不一样的地方呢？

(2)教师小结：老人和小孩有着很大的区别。如老人的皮肤有很多皱纹，有的老人头发是白的，看报纸的时候要戴老花镜，走路要杵拐杖。还有的老人牙齿掉了许多，只能吃软软的饭，等等。

3. 教育幼儿要尊敬身边的老人。

(1)请幼儿拿出与爷爷、奶奶的合影，相互说说爷爷、奶奶对自己的关爱。

(2)教师：爷爷、奶奶非常照顾我们，那我们应该怎样关心爷爷、奶奶呢？

(3)教师小结：小朋友们在日常生活中要尊敬身边的老人。比如奶奶做家务累了，帮她捶捶后背；爷爷从外面回来，为他倒杯热开水；上学的路上主动牵老爷爷、老奶奶过马路。

温馨提示

教师可结合本次活动引导幼儿要尊敬老人，做个懂礼貌、有爱心的孩子。

太阳与月亮

活动目标

1. 结合生活中的感受，讲述太阳和月亮两者的不同。

2. 了解太阳、月亮对人类的作用。

活动准备

太阳、月亮的图片。

活动过程

1. 猜谜语，导入活动。

教师：有个老汉年岁大，天刚发亮就出发。有朝一日不见它，准是天阴雨刷刷。（太阳）有时像只船，有时像圆盘，问它叫什么，抬头天上看。（月亮）

2. 出示太阳和月亮的图片，让他们找出不同点。

(1)请幼儿讲述太阳和月亮外形的不同。

教师小结：太阳总是圆圆的，月亮有的时候是圆圆的，有的时候是弯弯的，总是在不停地变化。

(2)请幼儿讲述太阳和月亮作用的不同。

(3)教师小结：太阳可以照亮地球，人们生活离不开太阳。月亮可以照亮道路，方便人们辨认方向。

3. 拓展幼儿思维，结合幼儿的生活经验讲述在白天和晚上发生事情的不同。

4. 教师小结：太阳出来了，天亮了，小朋友上幼儿园，小动物出来玩，衣服能晒干了……月亮出来了，天黑了，小朋友睡觉了，灯亮了，星星和月亮打电话了……

温馨提示

比较日和月两个字的不同书写体。

	甲骨文	金文	小篆	隶书	楷书	草书	行书
日	日	日	日	日	日	日	日
月	月	月	月	月	月	月	月

蚂蚁搬豆

✎活动目标

1. 提高独立解决问题的能力。

2. 用完整的语言讲述图片上的内容。

✎活动准备

蚂蚁搬食物的图片、录音机、磁带。

✎活动过程

1. 带领幼儿学唱歌曲《蚂蚁搬豆》,引出谈话主题。

(1)教师:我们唱的是什么歌?蚂蚁可以把什么搬回家呢?

(2)幼儿自由讲述自己的想法。

2. 出示蚂蚁搬食物的图片,引导幼儿知道团结力量大的道理。

(1)幼儿看图讲述时,提醒幼儿用完整的语言讲述图片内容。

教师:图片上有几只蚂蚁?它们在什么地方?在干什么?

(2)通过谈话,让幼儿明白团结力量大的道理。

(3)教师小结:团结才有力量,对于弱小的蚂蚁来说,只有与同伴井然有序地合作才能把巨大的食物搬进蚂蚁的家。

✎温馨提示

让孩子们明白一个人的力量是有限的,和同伴一起合作就会产生更大的力量,让大家知道团结力量大的道理。

仿编儿歌：谁会笑

活动目标

1. 在认真观赏大自然风景的过程中，感受大自然的美好。

2. 初步尝试创编简单的儿歌。

活动准备

积木、图书、桌子、油画棒。

活动过程

1. 带领幼儿到户外观察花草树木。

2. 给幼儿朗诵儿歌，引导幼儿想象。

(1)教师：除了太阳、阿姨、花儿、宝宝，还有谁会笑呢?

(2)引导幼儿大胆想象，讲述自己的发现。

3. 让幼儿积极创编、讲述。

(1)教师：我们来试试，把你们说的编进儿歌里。

(2)幼儿讲述。例如，星星笑，亮亮的；手机笑，吵吵的；开水笑，烫烫的。

4. 引导幼儿用儿歌的句式，描述生活中的实物及它们的特征。

5. 教师朗诵幼儿创编的儿歌。

教师小结：太阳笑，暖暖的；阿姨笑，亲亲的；花儿笑，香香的；宝宝笑，甜甜的。

温馨提示

人们觉得开心或者看到有趣的事物时，就会笑。鼓励幼儿想象生活中还有谁也会笑，引导幼儿根据物体特征进行联系和想象。

冬天与夏天

活动目标

1. 了解冬天和夏天的特征。

2. 感受季节给我们生活带来的不同乐趣。

活动准备

冬天的图片、夏天的图片、录音机、磁带。

活动过程

1. 听儿歌,导入活动。

教师:小朋友,今天老师给大家带来一首儿歌《冬天·夏天》,请你们听听,然后说说冬天和夏天有什么不一样。

2. 幼儿通过讨论,了解冬天与夏天的不同。

(1)鼓励幼儿从多个角度进行思考。

(2)教师小结:冬天很冷,会下雪、结冰;夏天很热,人们只需要穿很少的衣服。

3. 出示冬天和夏天的图片,引导幼儿感受季节不同带给我们的乐趣。

(1)教师:冬天,我们会做什么事情? 夏天呢?

(2)幼儿自由讨论。

(3)教师总结:在冬天,我们会堆雪人、打雪仗、吃火锅。在夏天,我们可以穿裙子、穿凉鞋、吃冰棍。不论是在冬天还是在夏天,我们都能感到快乐。

温馨提示

用对比的方法,说出夏天和冬天的不同。可以引导幼儿从着装、季节性开放的花等方面进行对比讲述。

看图想象

向幼儿出示实物、图片或简单的线条画，引导幼儿观察实物或图片的特征，根据特征展开想象，训练幼儿思维的灵活性。一般来说，提供给幼儿的图像越简单就越能激发幼儿的思考和想象。

●像什么

活动目标

1. 结合生活经验,依据圆黑点的特征进行大胆想象。
2. 用完整的语言表达自己的想法。

活动准备

"一粒芝麻""脸上的黑痣""黑眼珠""纽扣"的图片。

活动过程

1. 出示●的图片,引导幼儿说说图形特征。

(1)教师:你看到了什么?它像什么?

(2)教师小结:黑黑的圆点。

2. 幼儿想象并讲述,教师指导。

(1)幼儿根据自己的生活经验,相互交流想法。

(2)鼓励幼儿说得越多越好。

3. 出示"一粒芝麻""脸上的黑痣""黑眼珠""纽扣"的图片,拓展幼儿的思维。

(1)教师:每一个●底下都有一个小秘密,快看●变成了什么?

(2)出示图片。(各种●的变形物,让幼儿寻找)

教师:圆圆的黑点变成了一粒芝麻、脸上的黑痣、黑眼珠、纽扣。

4. 教师小结。表扬有独特见解的幼儿。

温馨提示

成人们看到此图,大多异口同声地说:一个黑点。而小朋友却有着多种多样的答案:像一滴酱油、黑珍珠、轮胎、鼻孔、衣服上的纽扣……孩子的想象力丰富多彩,他们没有成人广阔的视野、丰富的生活阅历,但却比成人多了一份天真、一份烂漫。

像什么

活动目标

1. 能根据波浪线的特征大胆想象，并能用动作或绘画的方式表达自己的想法。

2. 安静倾听同伴讲述。

活动准备

图片、海浪翻滚的视频。

活动过程

1. 播放海浪翻滚的视频，激发幼儿想象。

(1) 教师：大海上刮起大风，原先平静的海面欢跳起来，跳起来的海面是什么样的？谁能用动作来表示？

(2) 幼儿做动作，模仿海浪。

2. 带领幼儿了解波浪线的基本特征。

(1) 教师：大家刚才跳得真好。谁会把海浪跳动的样子画出来呢？

(2) 幼儿画出波浪线。

3. 带领幼儿观察波浪线，鼓励他们大胆想象。

(1) 教师：上下翻滚的海浪来了。浪大的时候，波浪线的波纹就大一些；浪小的时候，波浪线的波纹就小一些。波浪线除了像海浪，还像什么？

(2) 幼儿展开想象并回答。

4. 改变图片的摆放位置，拓展幼儿思维。

(1) 改变图片的方向，引导幼儿想象。

(2) 教师：将图片竖立起来，图片上的波浪线像什么？斜着摆放呢？

(3) 幼儿自由讲述，教师倾听并指导。

5. 教师小结：图片上的波浪线除了表示翻滚的海浪，还可表示蚯蚓、毛毛虫……有时也可以表示我们的心情。高兴或难过的时候，心情就像波浪一样，一会儿高，一会儿低。

↳温馨提示

在幼儿的眼中，波浪线可以演变成蚯蚓、蛇、毛毛虫、蚕。幼儿喜欢动物，所以首先想到的是动物。一个幼儿曾这样回答："把图片竖立起来，像一个冻得发抖的孩子！"这说明换个角度幼儿就会产生奇妙的想法，幼儿思维已经从表象升级到抽象。

像什么

活动目标

1. 展开大胆想象，说出生活中有哪些椭圆形的物体。

2. 大胆想象，会用添画的形式表达自己的见解。

活动准备

图片、课件。

活动过程

1. 出示图片，引导幼儿想象。

(1)教师：我们学过了许多的图形。今天，老师这里有一个图形，有点像圆形，但又和圆形不太一样。让我们来看看它是谁。

(2)带领幼儿认识椭圆形。

2. 出示课件，寻找椭圆形。

(1)教师：在这些图里，你能找到这个椭圆形吗？

(2)引导幼儿找到隐藏的椭圆形。

3. 幼儿讲述，提醒幼儿注意倾听同伴的讲述。

4. 出示画有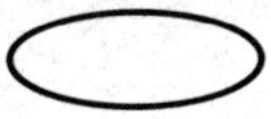图片的纸张，请幼儿通过想象添画。如添画变成大象、螃蟹等。

5. 作品展示。

(1)幼儿介绍自己的作品。

(2)布置作品展。

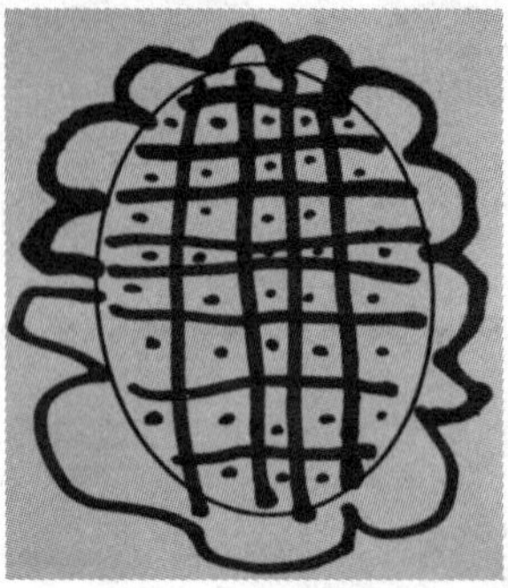

↳温馨提示

大班的孩子已经认识了椭圆形。通过对椭圆形的复习，提醒幼儿抓住椭圆形“两头瘦，中间胖”的特点，天马行空地想象。参考答案有：烧饼、橄榄球、鸡蛋、地球、杏仁、橄榄等。

 像什么

活动目标

1. 抓住图片的特征，大胆合理地想象。

2. 大胆讲述，并能安静倾听同伴的见解。

活动准备

小兔过生日的图片及猴子、小猫等动物的轮廓图片、图片。

活动过程

1. 故事导入。

(1)教师：今天是小兔的生日，小动物们来给小兔过生日。可是家里停电了，你们猜猜小兔家里来了哪些小动物呢？

(2)出示小猫、猴子等动物的轮廓图片，引导幼儿仔细观察，并说出这些都是哪些动物。

2. 出示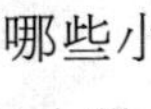的图片，请幼儿互相讨论。

教师：小兔子生日会上，小动物们送给了它很多生日礼物，都装在这个的袋子里。你猜是什么礼物？（为想象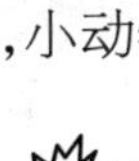图形作铺垫）

(1)幼儿看图，自由讲述。

(2)教师小结：小朋友认为礼物可能是“刺猬”“太阳靠枕”“榴莲”“泡泡”等。

3. 结合生活经验，继续引导幼儿想象与图形类似的物体。

(1)表扬答案独特的幼儿。

(2)将图片放在区域游戏材料中，让幼儿摸一摸图形尖尖的边角，继续发挥想象，跟同伴交流。

温馨提示

在引导幼儿看图想象的过程中，一开始幼儿思维活跃，回答积极。明显的答案被说出后，会有一段时间，仿佛没有了答案，教室里鸦雀无声。这个时候，教师的提示非常关键，从某一类回答引导到其他类的回答，可以帮助幼儿拓展思维。当个别幼儿出现独特的想法并积极回答后，教师要竖起大拇指，进行夸奖。因为教师的一个小小的肢体动作或表扬性的话语，会带来“一石激起千层浪”的效果。

□像什么

活动目标

1. 寻找生活中长得像长方形的物体。

2. 能进行大胆猜测，表达自己独到的见解和想法。

活动准备

课件《小熊的商店》、□的图片。

活动过程

1. 情景导入，引起幼儿的兴趣。

(1)教师：小熊的商店开张了，里面有各种各样的商品，小动物们都光顾。

2. 播放课件《小熊的商店》，进一步引起幼儿的思考。

(1)引导幼儿观察小鸭手上的□图片，说说像什么。

教师：小鸭子来到商店，它拿着□。它说太饿了，想买个□。会是什么呢？

(2)引导幼儿观察小猫手上的□图片，说说像什么。

教师：小猫来到了商店。它要上小学了，她想买个□。会是什么呢？

(3)引导幼儿观察小兔手上□图片，说说像什么。

教师：小兔来到了商店，它也拿着□，它搬家了，想买个□的电器，会是什么呢？

3. 出示□图片，进一步激发幼儿想象力。

教师：我也想在小熊的商店里买长方形的东西。你们猜猜我想买什么？

4. 幼儿自由交流讨论，大胆说出自己的想法。

(1)教师:如果你们也来到了小熊的商店,你们会买长方形的什么呢?

(2)请幼儿结合生活经验大胆想象长方形的物体。

5.教师小结。表扬认真倾听、不重复别人答案的幼儿。

温馨提示

生活中长方形的物品很多,教师可以按类别引导,帮助幼儿梳理,提高幼儿的归类能力。(1)电器类:空调、电视机、照相机、手机。(2)文具类:书、橡皮、蜡笔盒。(3)家具类:门、桌子、凳子、柜子。(4)生活用品类:镜子、肥皂、牙膏盒。(5)食品类:饼干、面包、方便面。

≈像什么

活动目标

1. 观察图形，培养幼儿思维的独特性。

2. 用较完整的语言表述自己的想法。

活动准备

≈和  图片、小猴子图片。

活动过程

1. 情景导入，激发幼儿思考的兴趣。

(1)教师：小猴子参加了电视台的《闯关游戏》节目。在最后一关，主持人要求小猴子说出10个像≈的东西。它摸着脑袋，想不出来了。快来帮帮它吧！

(2)出示≈图片，幼儿思考并进行小组讨论。

2. 幼儿讲述，教师提醒其他幼儿安静倾听。

教师小结：≈像海水、波浪线、两条蚯蚓等。在地图上表示河流。

3. 教师继续发问，引导幼儿思考。

教师：顽皮的小猴把图片转了90°，反问主持人像什么。哈哈，主持人也向小朋友求救了。我们看看吧， 像什么呢？

(1)鼓励幼儿积极发言，不重复别人的答案。

(2)教师小结： 像麻花、像挂钩等。

温馨提示

在幼儿眼里，很多图形调整方向后，幼儿会有不同的感觉。只要坚持对幼儿开展思维训练，鼓励幼儿用心观察，进行大胆想象，他们的思维就会不断提高。

◎像什么

活动目标

1. 能根据图形进行大胆想象。

2. 能独立思考，不重复别人的答案。

活动准备

课件《小鸭的游泳圈》及游泳圈图片、◎图片、画纸、笔。

活动过程

1. 展示课件《小鸭的游泳圈》，引发幼儿思考的欲望。

(1)教师：小鸭最爱游泳，可是今天它愁眉苦脸的，你们知道它怎么了嘛？

(2)鼓励幼儿积极发言，进行大胆猜想。

(3)教师：小鸭的游泳圈不见了，请你们帮它找找吧。

(4)出示游泳圈图片，引起幼儿讨论。

(5)教师：游泳圈是什么样的呢？是什么形状的？

2. 出示图片◎，进一步引发幼儿的思考欲望。

(1)教师：你们看它像不像小鸭的游泳圈？你们觉得它还像什么？

(2)鼓励幼儿大胆猜想，表扬想象奇特的幼儿。

(3)让幼儿结合生活经验找找周围和◎相似的物品。

3. 带领幼儿玩游戏“魔法变变圈”，进一步引导幼儿认识图形◎和添画。

(1)教师：这是个有魔法的圈，它想请小朋友帮忙让它变得漂亮。

(2)幼儿根据自己的想象对其进行创作。

4. 在幼儿创作时，教师用相机将幼儿的作品拍照下来，以照片的形式放在大屏幕上，请幼儿说说自己的创想。

温馨提示

和◎形状相似的东西有很多，如轮胎、棒棒糖、眼睛、呼啦圈、球、环形磁铁、盘子、山洞、荷包蛋、方向盘、皮球、帽子、纽扣等。

△像什么

活动目标

1. 认识三角形，能从多方位观察图片。

2. 学会倾听同伴讲述。

活动准备

三角形图片、课件（能上、下、左、右翻转的各种三角形）、三角形的玩具、相机。

活动过程

1. 带领幼儿观察三角形，加深认识三角形的特征。

(1)出示三角形图片后提问。

(2)教师：这是什么图形？

(3)教师小结：三角形有三个角和三条边。有两条边相等的三角形是等腰三角形。有一个角是直角的三角形称为直角三角形。

2. 发散幼儿思维，说说三角形像什么。

(1)播放课件，让幼儿说说等腰三角形或直角三角形的一个角向上像什么？

(2)教师：将等腰三角形翻转，看看它变成什么了？

(3)教师小结：将等腰三角形翻转，会变成一个酒杯。

3. 出示三角形的玩具。

教师：你能用三角形组合成什么呢？我们来试一试。

4. 分享组合造型。

教师将幼儿组合造型拍成照片，在班级内展示。

温馨提示

将等腰三角形翻转后可以变成山峰、草丛、灯、恐龙背上的刺、房顶、蛋糕、一块冰、头花，等等。

 像什么

活动目标

1. 让幼儿大胆想象，提高幼儿思维的敏锐性和独特性。

2. 能用完整的语言表述自己的想法。

活动准备

小图片。

活动过程

1. 出示图片，引发幼儿思考。

(1)教师：看到这张图片，你会想到什么？

(2)幼儿讲述。

(3)提醒幼儿在听别人讲述的时候要安静。

2. 将图片旋转，请幼儿想象像什么。

(1)请幼儿自己操作，感受图片的变化。

(2)幼儿和同伴讨论翻转图片后，图形像什么。

3. 教师小结。对想法奇特的幼儿，给予表扬和肯定。

温馨提示

答案可以是：卷发、弹簧、龙卷风、缠绕的电线、盘曲的蛇、蜗牛背、线团、乌云、漩涡、过山车、棉花糖、卷尺等。

 像什么

活动目标

1. 积极思考,大胆讲述自己的想象。
2. 在操作的过程中,感受图片的变化。

活动准备

图片。

活动过程

1. 出示图片。

(1)教师:图上是什么? 你觉得它像什么? 还像什么?

(2)幼儿讲述。

(3)提醒幼儿安静地听别人的讲述。

2. 幼儿动手操作:拼图片。

(1)请幼儿将图片旋转,感受图片的变化。

(2)幼儿和同伴讨论。

(3)请幼儿说一说自己的想象。

3. 教师小结。表扬能积极思考、大胆讲述想象的幼儿。

温馨提示

这幅图片非常简单,让幼儿从翅膀和飞行等角度去思考。例如,图片像海鸥、麻雀等。转换角度后,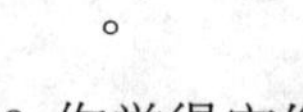像衣服的拐角和衣架、眉毛、胡须、上唇线、叶子等。

像什么

活动目标

1. 根据图形自由想象，训练幼儿的思维能力和想象力。

2. 能清晰地表达自己的想法。

活动准备

箱子、图片、画纸、笔。

活动过程

1. 游戏“摸一摸、猜一猜”。

(1)教师：今天，老师带来了一个奇妙的箱子，请你来摸一摸，猜猜里面是什么。

(2)将全班幼儿分成4组，每组一个箱子，请幼儿谈谈自己摸到了什么。

2. 出示图片，请幼儿自由讨论像什么。

教师小结：像桥、彩虹、山坡积木、香蕉、跷跷板等。鼓励幼儿跟别人说的东西不同。

3. 鼓励幼儿从不同的方向观察图形，大胆想象。

教师：图形倒过来像什么(洞、门闩、嘴巴等)？图形侧着放又会像什么呢(耳朵、电话、茶杯把子、枪等)？

4. 教师小结：图片正着看像桥、侧着看像耳朵、倒过来看像嘴巴。从不同的方向看，总会有新的发现。

温馨提示

引导幼儿积极思考，拓展幼儿的思维。

× 像什么

活动目标

1. 大胆想象，说出与别人不同的答案。

2. 能安静倾听同伴的讲述。

活动准备

画有 × 的卡片。

活动过程

1. 出示画有“×”的卡片。

教师：这是什么？

2. 鼓励幼儿大胆想象，并用连贯的语言表述。

教师：你觉得 × 像什么？你在哪里见过？

3. 鼓励幼儿想出与别人不同的答案。

4. 教师小结：× 可以表示错误的意思，也像两根交叉的筷子、飞镖、禁止标志、打节奏的标志等，还可以旋转变成“+”。

温馨提示

成人看到 ×，第一感觉是错误。而幼儿看到 ×，想法会比较多。教师要引导幼儿多角度去思考和想象。

添画、表演、拼搭

添画就是在给定的造型周围或里面，增加一些线条和图案，让画面变得更加丰富多彩。如给个圆形，在圆形的四周添画短竖线，它就会变成太阳；在圆形的内部添画两个小圈圈，它就会变成纽扣……幼儿在添添画画的过程中，不仅培养了动手能力，还提高了思维的灵敏性。

表演是指幼儿通过自己的肢体语言说话，或与同伴进行合作表演，感受表演的快乐。

拼是联合、凑合的意思。搭的意思是交接、配合或者支架的意思。利用一些操作材料，如火柴棒、棉棒、小棍、积木等，让幼儿从随意拼搭开始，感受材料间的连合、交接后形成不同的图案，不仅能提高幼儿解决问题的能力，还能促进幼儿间的合作。

添　画

会变的半圆

活动目标

1. 能讲述生活中看到的半圆形物体。

2. 能用多种方法在半圆形上添画，感受创造带来的快乐。

活动准备

半圆形彩纸、油画棒、记号笔、幻灯片课件（生活中的半圆形物体，纸上画有 4 个半圆形）。

活动过程

1. 出示半圆形彩纸，提出问题。

(1)教师：这是什么形状？你在什么地方也看到过这个图形？

(2)鼓励幼儿根据生活经验积极想象并大胆讲述。

2. 播放幻灯片课件，拓展幼儿思维。

(1)教师：看看生活中还有哪些东西是半圆形的？

(2)幼儿讲述生活中像半圆形的物体。

3. 出示画纸，让幼儿添画。

(1)教师：图上已有 4 个半圆形。你能把它们变成什么呢？动手画一画。

(2)幼儿在半圆形上添画，并讲述像什么，感受创造带来的快乐。

4. 展示幼儿的作品。

温馨提示

根据图片情境添加适当的内容可以激发幼儿学习美术的兴趣，培养幼儿热爱生活的情感。

刺猬

热气球

帽子

三角形添画

活动目标

1. 能在三角形上添画。

2. 体验添画创作的快乐。

活动准备

画有三角形的画纸、记号笔、油画棒、黑板、粉笔、切开的西瓜图片、树的图片。

活动过程

1. 在黑板上画一个三角形。

(1)教师:看看黑板上这个是什么图形?生活中你们见过哪些三角形的物体?

(2)请个别幼儿回答。

(3)教师小结:小亭子的顶、三角叉、交通警手牌等都是三角形。

2. 出示画有三角形的画线。

(1)教师:刚才小朋友们说得真好。老师这里有一些画有三角形的画纸,请你们对这些三角形进行添画,你们能画出什么呢?

(2)幼儿观察并讲述。

(3)教师小结:在三角形的里面画上一个个小黑点,就变成一片片的西瓜。在三角形的底边往下画一条竖线,就变成了小树。

3. 幼儿添画,教师指导。

(1)教师:三角形还能变成什么呢?请你们展开想象,在三角形里面或者周围添画,看看能变成什么。

(2)幼儿添画,教师巡回指导。

4. 展示幼儿作品。

↳温馨提示

幼儿添画的笔画越少，越是巧妙。例如，下图中的风筝和热带鱼，增添的笔画简单明了，抓住了三角形三条边和三个角的主要特征。

亭子

风筝

一块比萨

蘑菇

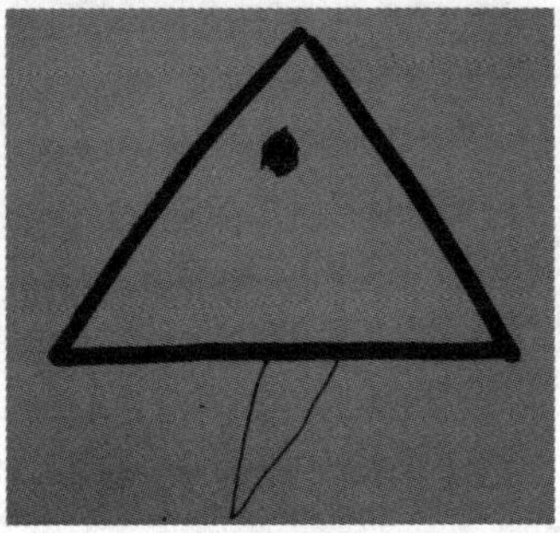

热带鱼

房子

圆形变变变

活动目标

1. 能在圆形图片上添画出多种物体。

2. 能用连贯的语言大胆表达自己的见解。

活动准备

画有一个圆形的白纸、图片、笔。

活动过程

1. 出示画有圆形的白纸。

教师:白纸上的图片是什么形状的?(圆形)

2. 在图片上添画。

(1)教师在一个圆边上添画一些断线,使圆变得像太阳。

(2)让幼儿想象还能添画出哪些图案。

3. 幼儿展开大胆想象,动手添画,并对自己的添画作出简要解释。

4. 展示幼儿作品。

西瓜

兔子

向日葵

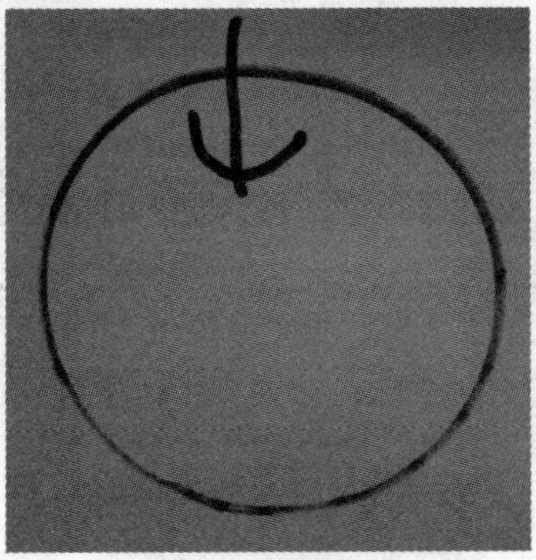

苹果

太阳

小人

比萨

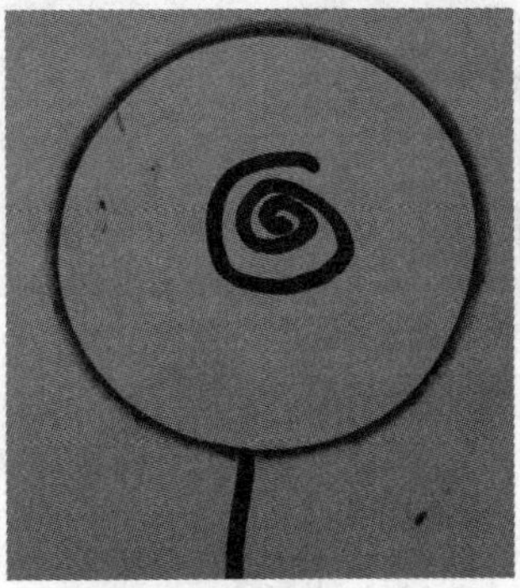

棒棒糖

温馨提示

幼儿通过对图片中的圆形进行添加，使圆形变化成各种幼儿熟悉的图案。幼儿创作的图形可分为动物类、植物类及人物类。教师注意引导幼儿从不同的角度进行联想和添画。

神奇的线

活动目标

1. 大胆探索，乐于动手动脑。

2. 能用三条线给正方形进行多种分割，拓展思维能力。

活动准备

正方形图形、记号笔、剪刀、分割好的正方形图()、画有多个正方形的纸。

活动过程

1. 出示一个正方形图形，示范划分方法。

(1)教师：这是什么？我这里有三条神奇的线，要对正方形变魔术。

(2)在正方形里画三条线，如。

(3)教师：这三条线是怎么画的？让正方形有了怎样的变化？

2. 出示已分割好的正方形图形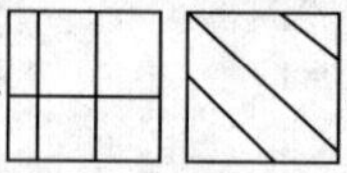，帮助幼儿了解这三条线是怎样划分的。

(1)教师：这两个正方形里的三条线又是怎么画的？把正方形变成了什么？

(2)幼儿尝试划分，划分的方法越多越好。

(3)教师小结：这三条线真神奇，能将正方形分隔成不同的图形。

3. 展示幼儿操作成果，表扬划分方法多的幼儿。

温馨提示

让幼儿在正方形的内部进行分割，方法很多，如横着、竖着、斜着、交叉分割等。幼儿在分割中，能感受三条线因位置不同而产生的神奇效果。

种 地

活动目标

1. 尝试用线条任意分割纸张。

2. 能用不同的图装饰和分割图形提高思维的求异性。

活动准备

常见的农作物图片(如稻子、高粱、玉米、棉花等)、记号笔、纸张。

活动过程

1. 出示常见的农作物图片,引导幼儿识别农作物。

(1)教师:我是农民,去年我家田里的农作物大丰收。今年,我还要种地,我要在地里种上许多许多的农作物。小朋友猜猜,我会种什么?

(2)幼儿讲述自己知道的农作物名称。

(3)出示图片,带领幼儿认识稻子、高粱、玉米、棉花。

2. 让幼儿尝试"种地"。

(1)教师:黑板就是教师的田地,这么大一块地,如果我要种稻子、高粱、玉米、棉花这四种农作物,我该怎么分割这块地呢?

(2)请幼儿上台用粉笔来分割土地。

(3)教师小结:无论是从上往下分割,还是从左往右分割,还是斜着分割,只要分出来的土地有四块就能种下稻子、高粱、玉米、棉花这四种农作物。

3. 带领幼儿探讨农作物的画法。

(1)教师:稻子可以用什么形状来表示呢?

(2)示范稻子、高粱、玉米、棉花的画法。

4. 提出操作要求,鼓励幼儿积极操作。

(1)教师:我们一起来种地,这是你们的土地(教师举起绘画纸张),再在每块土地里种上多种的农作物。

(2)幼儿动手分割田地,教师指导。提醒幼儿要在不同区域种下不同的农作物。

5. 展示幼儿的作品。

↳温馨提示

从幼儿的作品中，不难发现幼儿使用了多种分割土地的方法。分割太小，画的图案就可以多一点；分割太大，画的图案就可以少点。在指导幼儿分割土地时，教师要仔细观察，帮助个别能力弱的幼儿分割土地。

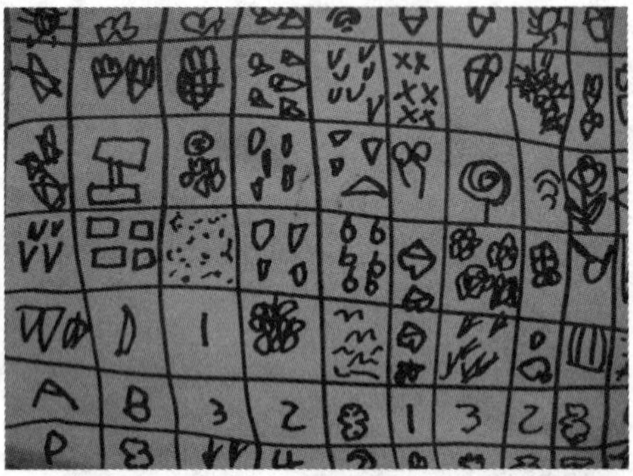

发型设计师

✎活动目标

1.能描述出日常生活中看到的某种发型的样子。

2.区分男生和女生发型的不同,并简要说明区别。

3.积极动脑,敢于创造出奇特的发型。

✎活动准备

男孩发型图、女孩发型图、笑脸的模板。

✎活动过程

1.向幼儿提问,引发思考和讨论。

教师:你们还见过什么样的发型呢?和同伴说一说。

2.出示男孩和女孩发型图,讲述发型。

3.动手设计发型。

(1)教师:给每个笑脸设计发型,可以是男生发型,也可以是女生发型;可以设计一张,也可以设计多张。

(2)鼓励幼儿设计奇特的发型,跳出常规思维。如糖果发型、植物发型等。

4.巡回指导。

5.展示幼儿的作品并进行评价。

✎温馨提示

现在发型的样式越来越多。女生发型有齐刘海、马尾辫、麻花辫、肩发、两小辫、盘发等。就连男生的短发都可以塑造出多种不同的样式,如板寸发型、毛寸发型、卷卷发型、光头、背头发型等。

数字脸谱

活动目标

1. 感受数字组合带来的艺术魅力。

2. 敢于大胆设计，体验创造的乐趣。

活动准备

画有圆形的卡纸、数字脸谱图片、彩笔。

活动过程

1. 带领幼儿观看脸谱，寻找脸谱中的数字。

教师：在这张脸谱上，你发现了什么？脸普上的五官都是由哪些数字组成的？

2. 幼儿回答并讲述自己的发现。

3. 向幼儿提出设计数字脸谱的要求。

教师：请你们在圆形的卡纸上设计数字脸谱，相同的数字可以反复出现。

4. 幼儿创作数字脸谱。

5. 鼓励幼儿从0～9这10个数字中挑选自己认为合适的数字，画出人的五官。

6. 展示幼儿作品。

温馨提示

提到脸谱，大家首先想到的就是京剧脸谱。京剧脸谱是具有民族特色的一种化妆方法。而数字脸谱，是用数字巧妙地构成脸谱中的五官。将数字在人脸的不同部位摆放，就可能形成眼睛、鼻子、耳朵。发挥想象力，设计奇妙的数字脸谱，感受数字组合的无限创意。

奇怪的树

活动目标

1. 积极动脑，画出树的奇怪之处，感受创造的魅力。

2. 知道树是由根、枝、叶组成的，树木是人类的好朋友。

活动准备

大树图片、人们设计的奇怪的树图片、绘画纸。

活动过程

1. 出示若干张大树的图片，让幼儿进行比较。

2. 出示人们设计的奇怪的树的图片。

教师：被念过咒语的大树会变得很奇怪，也许会长长鼻子，也许会长出许多的辫子。你们想象一下，它还会怎么样呢？动手画出来吧！

3. 让幼儿画奇怪的树。

4. 教师巡回指导。提醒幼儿在绘画的过程中突出树的奇怪之处。

5. 展示幼儿的作品，表扬大胆作画的幼儿。

温馨提示

大自然中没有两棵一模一样的树，它们的样子千姿百态。

表 演

听指令做相反的动作

活动目标

1. 能按教师口令做出相反的动作，培养思维的敏捷性。

2. 乐于和同伴合作玩游戏。

活动准备

欢快的音乐。

活动过程

1. 和幼儿谈话，引出主题。

教师：谁知道“左”的反方向是什么？

2. 引导幼儿听指令做出相应的动作。

教师：我说出一个词，你们做出相反的动作。如教师说“起立”，幼儿便坐下；教师说“举左手”，幼儿便举右手。

3. 幼儿分组，听教师指令做相反的动作。

4. 引导幼儿听音乐做相反的动作。

(1)教师：听音乐围着圆圈走，音乐声停止时停下来，听指令做相反的动作。

(2)指令可以是向前走、蹲下、举左手等。

5. 师幼共同评价游戏过程，表扬在游戏中反应迅速的幼儿。

口令:起立

口令:举左手

温馨提示

此游戏可以训练孩子的逆向思维,体验共同游戏的乐趣。

我高兴我就会……

活动目标

1. 能用肢体语言表现自己高兴时的样子。

2. 积极参与游戏。

活动准备

合适的场地、录音机、磁带。

活动过程

1. 谈话导入活动，引起幼儿兴趣。

(1)教师：小朋友，你高兴的时候是什么样子的？

(2)幼儿自由讲述。

(3)教师：除了会笑出声音来，你还会做出什么动作呢？

2. 鼓励幼儿用肢体语言表达自己高兴时的样子。

教师小结：刚才，小朋友一边笑，还一边用各种动作来告诉大家他真的很高兴，很棒！

3. 带领幼儿玩游戏“我是小领袖”，并请个别幼儿与大家分享高兴时的动作。

教师：几个幼儿围成圆圈，听音乐顺时针走。音乐停止，一人当领袖，做出一个动作，其他幼儿模仿其动作。幼儿轮流做领袖，继续游戏。

4. 教师小结：人们在高兴的时候会笑、会跳、会叫、会拍手、会唱歌……

温馨提示

鼓励幼儿用不同的动作表现出高兴的样子。

听词表演

活动目标

1. 能按照语言指令做出相应的动作。

2. 养成认真倾听的好习惯。

活动准备

一张笑脸图 ，一张哭脸图 。

活动过程

1. 示范游戏，激起幼儿兴趣。

(1)教师：我来说词语，若是一个字，如笑、哭、甜等，你们拍手一次；若是两个字，如高兴、老师、可爱，你们就不拍手。

(2)请一位幼儿尝试说说词语，一个字或者两个字，其他幼儿听词语，做拍手的动作。

2. 变更动作，让幼儿继续游戏。

教师：现在你们听到一个字，开始做某一动作（如拍手、跺脚、拍头、拍肩、眨眼等）；听到两个字，不做该动作。

3. 根据幼儿反应情况，出示图片：做对了，出示笑脸图，做错了出示哭脸图。

4. 请幼儿上台表演，鼓励幼儿在不伤害自己和同伴的情况下，想出新奇的动作。

5. 教师小结。表扬反应迅速的幼儿。

温馨提示

这个训练能培养幼儿的倾听能力，使幼儿从小养成良好的倾听习惯，对幼儿以后学习、生活会有很大的帮助，会让幼儿受益终身。在游戏中，通过倾听，让幼儿知道是一个字的词还是两个字的词，然后用拍手一次和不拍手的不同方式来表示。另外，幼儿熟悉游戏规则后，会积极思考用其他的动作代替拍手，可以增加游戏的乐趣。

小·动物

活动目标

1. 了解一些动物的主要特征,丰富有关动物的知识。

2. 发挥想象力,用动作表现动物的主要特征。

活动准备

各种动物图片。

活动过程

1. 出示几种动物的图片,引导幼儿观察。

2. 师幼共同总结这几种动物的主要特征。

教师:狮子,凶猛、有尖利的爪子;孔雀,美丽,会开屏;蛇,扭动着前进,会吐信。

3. 提出动作表演的要求。

(1)请幼儿根据自己的意愿选择自己要模仿的动物。

(2)请个别幼儿到台上表演,其他小朋友来猜他模仿的是什么动物。

4. 教师小结。表扬积极参与活动的小朋友。

兔子

老虎

鸟

鱼

小鸡

小鸭

大象

温馨提示

幼儿都喜欢小动物。在游戏中，他们常常会用各种动作模仿小动物。这种训练，就是让幼儿抓住动物的主要特征，进行模仿。

快乐的小木偶

活动目标

1. 在游戏中大胆创编不同的动作。

2. 学习用身体动作来玩游戏,练习控制身体能力。

活动准备

小木偶。

活动过程

1. 一边模仿小木偶的动作,一边和幼儿谈话,引起幼儿兴趣。

教师:我是一个快乐的小木偶,今天我来和小朋友们玩“木头人”的游戏。

2. 以小木偶口吻讲述游戏的玩法及规则。

教师:小朋友做木头人,边念儿歌边走路:“山山山,爬高山,山上有个木头人,不许说话不许动。”念到最后一个字“动”时,立即停下来,创编一个动作。不能动也不能笑,谁先动或笑就停玩游戏一次。

3. 示范游戏动作,提醒幼儿仔细观察教师的动作。

4. 带领幼儿共同游戏,鼓励幼儿大胆创编各种新奇的动作来。

5. 表扬动作创编独特的幼儿。

温馨提示

许多幼儿都玩过“木头人”的游戏。在游戏中,要强调幼儿在话语结束的时候,创编出不同的动作,并保持一段时间不动,训练思维的独特性,提高幼儿对身体的控制能力。

拼 搭

几何图形

活动目标

1. 巩固对几何图形的认识。

2. 在拼拼玩玩的过程中感受几何图形组合的美。

活动准备

圆形、三角形和方形的图片、画纸、固体胶、筐子、雪花插片。

活动过程

1. 出示图形、三角形和方形的图片。

(1)教师:今天老师带来了一些图形。我们怎样才能将它拼接成一幅画呢?

(2)教师和幼儿一起拼画,然后数数拼图中各种图形的数量。

2. 幼儿操作,教师指导。

教师:请小朋友们拼插筐子里的雪花片。

3. 展示幼儿作品。

(1)教师:小朋友们都拼插出好多东西。我们一起来看看,谁的拼插最好看。

(2)给每个小朋友分发 5 个雪花插片,请小朋友自由拼插。提醒他们在拼插结束后将雪花插片放在相应的筐子中。

✎温馨提示

各种平面图形的特征并不相同，但彼此之间也存在着一定的联系。进行图形的分割和拼合活动，可以加深孩子对图形特征的了解和对不同图形之间关系的认知，这样也可以帮助孩子理解图形之间的可逆关系、等量关系和包含关系等一系列逻辑关系，促进他们思维灵活性的发展。孩子在感知图形的同时，还能提高审美能力。这对于孩子的审美能力和创造能力的培养也是很有意义的。

火柴棒

活动目标

1. 学习、做事养成耐心、细心的习惯。

2. 动手摆弄火柴棒，拼搭出简单的造型。

活动准备

火柴棒、拼搭好的火柴棒示意图。

活动过程

1. 猜谜，导入课题。

(1)教师：满屋娃娃，圆圆脑袋，出门一划，开朵红花。

(2)请幼儿猜出谜底。

2. 向幼儿提出操作要求。

(1)教师：小朋友们，你们能不能用这些火柴棒，随意拼搭成自己喜欢的图形呢？

(2)幼儿操作，教师巡回指导。

(3)请个别幼儿介绍自己的做法，教师点评。

(4)幼儿之间相互欣赏拼搭作品。

3. 出示事先准备好的火柴棒拼搭范例，激发幼儿回家继续拼搭火柴棒的欲望，培养幼儿的创新能力。

4. 教师小结。展示拼搭独特的作品。

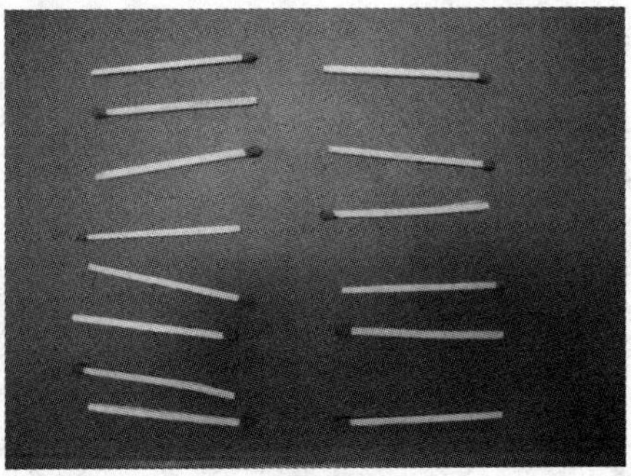

斑马线

椅子

电视机

松树

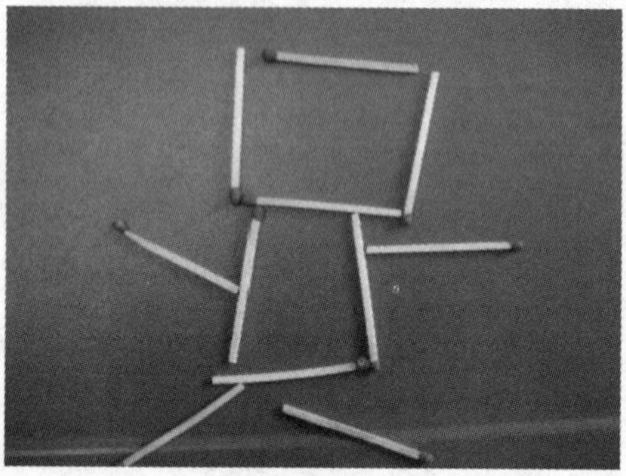

机器人

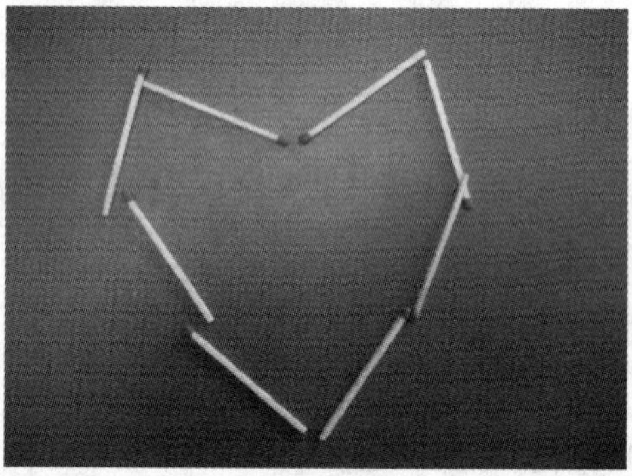

爱心

温馨提示

火柴棒是家庭中的普通物品，用火柴棒玩拼搭游戏，既可以拼搭出很多漂亮的图形，也可以拼搭出一些数字。拼搭图形游戏能提高幼儿的空间发展能力。

美丽的图形

✎活动目标

1.尝试用不同的图形拼摆组成不同的物体,感受图形组合的创意美。

2.大胆地讲述自己拼摆的图形是什么物体。

✎活动准备

关于图形的幻灯片、正方形、长方形、三角形、椭圆形、圆形、梯形、平行四边形、操作篮、相机。

✎活动过程

1.播放幻灯片。

(1)教师:今天我们来到了一个图形的世界,小朋友们看看图上都有哪些图形?

(2)幼儿观察后回答。

2.提出要求,幼儿操作。

教师:请小朋友们选择篮子里的图形进行拼摆、组合,拼摆出你喜欢的一个物体。

3.幼儿操作,教师观察,并用相机拍照记录。

(1)鼓励幼儿大胆想象,并动手操作。

(2)用相机记录有创意的作品。

4.带领幼儿一起观看照片,请个别幼儿介绍自己拼摆的物体。

(1)幼儿介绍自己的作品。

(2)请个别幼儿看看是否突出了物体的特点(如大象是否有长鼻子等)。

5.请幼儿和同伴合作拼摆出一组物体,并让他们根据这些物体创编故事。

(1)教师:刚才小朋友拼摆出了一个物体,现在请你们找小伙伴合作,拼出几个物体组合在一起。还可以编一个故事讲给大家听。我们来比比哪一组拼得最好看,故事讲得最动听。

(2)表扬作品有创意并能积极表达自己想法的幼儿。

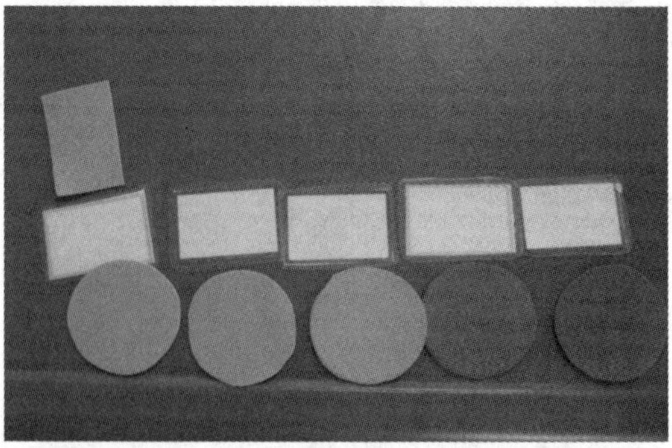

温馨提示

用几何图形拼摆后，让孩子尝试用语言将自己的拼摆的作品描述出来，这样既能锻炼幼儿的想象力，又能提高幼儿的语言表达能力。

豆子拼画

活动目标

1. 了解各种豆子的外形特征。

2. 利用各种豆子进行创作,充分发挥他们的创造力和想象力。

活动准备

红豆、黄豆、黑豆、绿豆等、双面胶卡纸、记号笔、教师示范画。

活动过程

1. 出示豆子贴画。

教师:今天老师带来了一幅特殊的画,你们能猜猜,这幅画是用什么做出来的?

2. 带领幼儿认识各种豆子,并了解其特征。

(1)出示各种各样的豆子。

(2)教师:你认识哪些豆子?它们都是什么颜色的?

3. 讲解制作步骤。

(1)撕开双面胶卡上的一层纸。

(2)选择不同的豆子进行粘贴。

(3)在双面胶卡上设计自己喜欢的图案。

4. 幼儿贴画,教师巡回指导。

(1)鼓励幼儿大胆想象,设计出与众不同的图案。

(2)观察幼儿的制作过程,对动手能力较差的幼儿进行指导。

5. 幼儿展示自己的作品。

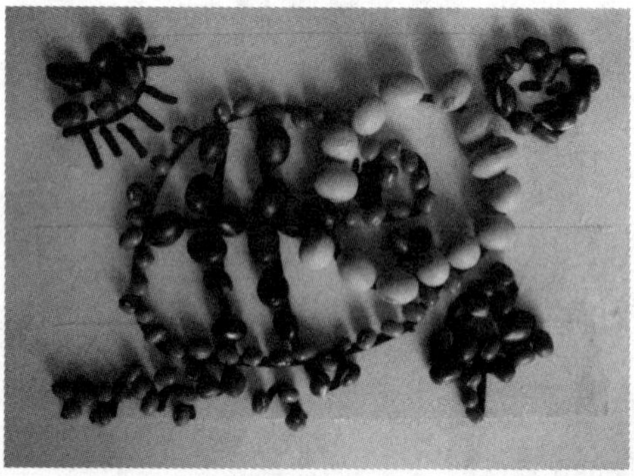

温馨提示

生活中的豆子是用来吃的。而用豆子拼粘时，豆子就变成了绘画材料。在幼儿操作过程中，要提醒幼儿安全使用豆子，不能将豆子塞进鼻子或耳朵里，要保护好自己。

棉棒和正方形

↳活动目标

1.感受棉棒和图形组合的创意性。

2.抓住事物的主要特征进行想象。

3.大胆用语言表达自己的想法。

↳活动准备

棉棒、一块彩色的正方形卡纸、一个操作篮、相机。

↳活动过程

1.带领幼儿认识操作的材料。

(1)幼儿点数10根棉棒和一块彩色的正方形卡纸。

(2)提出要求,幼儿操作。

教师:在正方形卡纸的周围(上、下、左、右)或者上面摆放棉棒,看看能变成什么?

2.幼儿操作,教师观察,并用相机拍照记录。

(1)观看幼儿的拼图照片并用相机拍下有创意的拼图。

(2)教师:小朋友们可以根据各种动物的特点来拼。例如,大象有长鼻子、小鸡有尖嘴巴等。

3.欣赏幼儿的作品。

展示相机里的幼儿作品,表扬个别表现优秀的幼儿。

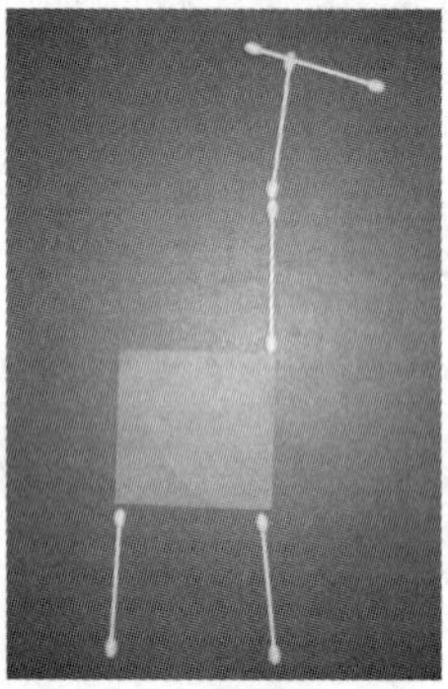
长颈鹿

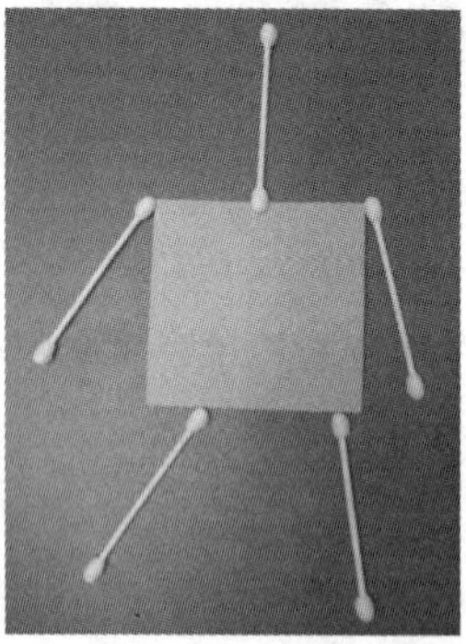
人

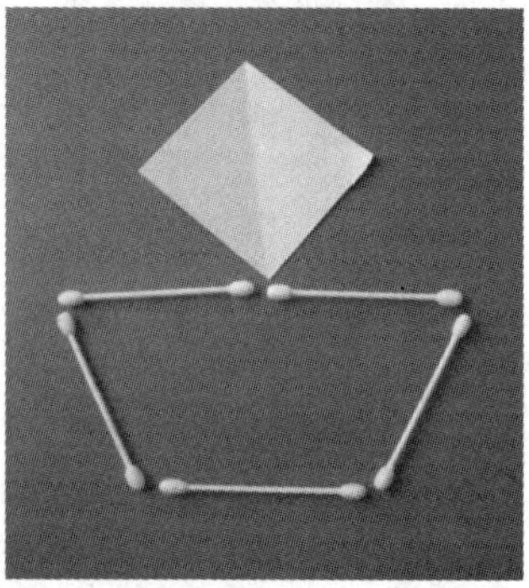
船

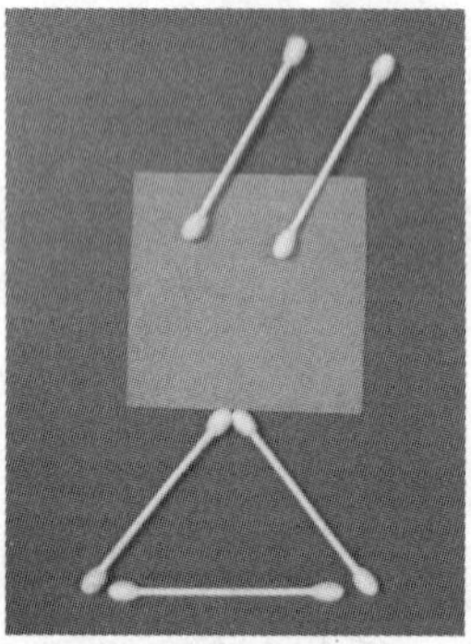
兔子

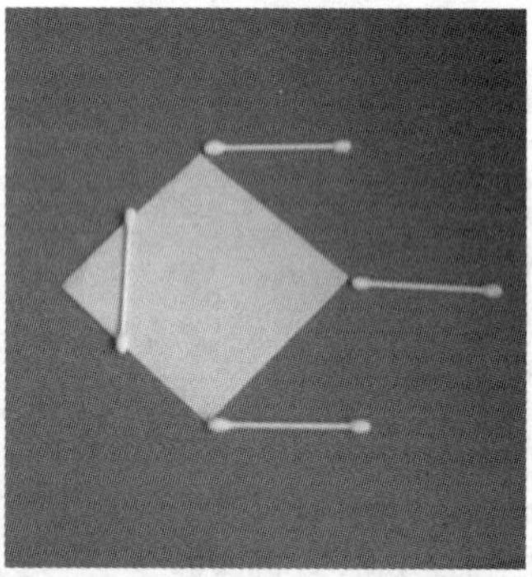
鱼

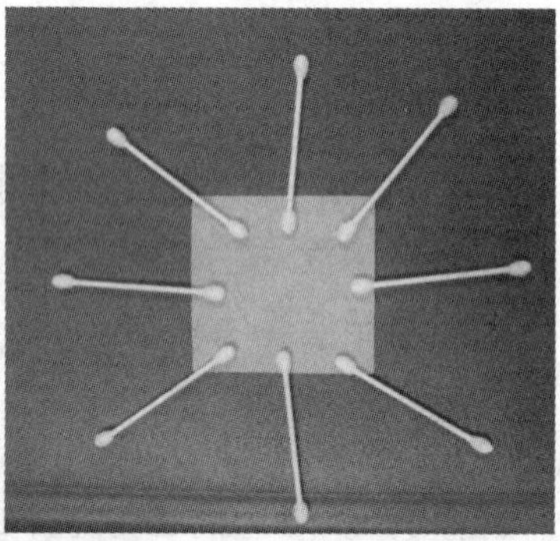
太阳

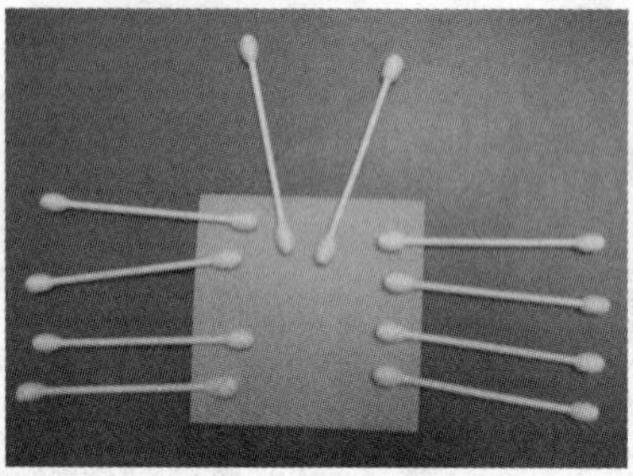
螃蟹

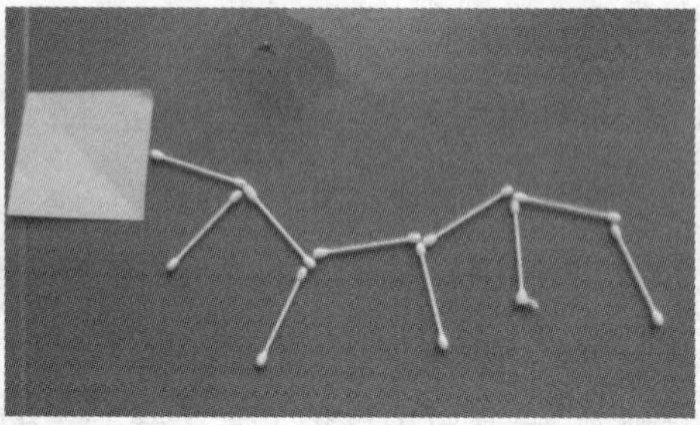
恐龙

冰激凌

温馨提示

从幼儿的作品中，可以发现幼儿的想象力极其丰富。幼儿抓住了动物或者物品的主要特征，如长颈鹿的长脖子、小兔的长耳朵等。

后　记

幼儿是天生的学习者，他们总是在积极地适应环境，用自己的方式方法去认识和理解周围的世界。作为一名幼教工作者，只有读懂幼儿的思维，才能拓展幼儿的思维，才能走进幼儿的世界。

《幼儿园思维活动设计与指导》是一本观察理解幼儿思维、拓展幼儿思维能力的教师指导用书，教师在每一个思维拓展活动设计方案中，通过让幼儿解决问题、看图续编故事、看图想象、添画、表演、拼搭等多种形式，充分调动幼儿的积极性，让他们在轻松愉悦的氛围中，积极参与活动；在探求新知的过程中，大胆讲述自己的想法，安静倾听同伴的讲述；在反复玩耍的游戏中，积极开动脑筋，不断地思考问题，丰富自己的内心世界。广大一线的幼儿教师们也能在较短时间内，通过训练幼儿思维，提高幼儿对事物的分析能力、解决问题的能力、语言的表达能力等多种能力。

在本书的编写过程中，许亚丽、王蓉、郑晨辰、韦佳佳、董姗姗、李平、翟伟伟、宣以菁、刘烨、卢沛、王玲、魏晓庆、钟鸣、王兰兰、董海燕、姚莹、杨慧、卜亚莉、许淑侠、汪天也、陈晨等多位教师提供了丰富的创意教案和有价值性的材料。希望本书的编写能帮助广大幼教工作者能进一步了解幼儿的思维模式和发展顺序，更好地读懂幼儿思维。

宗　珣

2016 年 6 月